CB132230

A SOCIEDADE CONTRA O SOCIAL

RENATO JANINE RIBEIRO

A sociedade contra o social

O alto custo da vida pública no Brasil
Ensaios

COMPANHIA DAS LETRAS

Copyright © 2000 by Renato Janine Ribeiro

Capa
Ettore Bottini

Índice remissivo
Maria Claudia Carvalho Mattos

Preparação
Eliane Maturano Santoro

Revisão
Ana Maria Alvares
Isabel Jorge Cury

Dados Internacionais de Catalogação na Publicação (CIP)
Câmara Brasileira do Livro, SP, Brasil

Ribeiro, Renato Janine, 1949-
A sociedade contra o social : o alto custo da vida pública no Brasil / Renato Janine Ribeiro. — São Paulo : Companhia das Letras, 2000.

Bibliografia.
ISBN 85-359-0017-9

1. Brasil – Condições sociais 2. Brasil – Política e governo 3. Corrupção na política – Brasil 4. Política – Filosofia I. Título.

00-1910 CDD-320.981

Índice para catálogo sistemático:
1. Brasil : Política 320.981

[2000]
Todos os direitos desta edição reservados à
EDITORA SCHWARCZ LTDA.
Rua Bandeira Paulista 702 cj. 32
04532-002 — São Paulo — SP
Telefone (11) 3846-0801
Fax (11) 3846-0814
www.companhiadasletras.com.br

Para Rafael, milênio feito gente

Sumário

Abertura

O Brasil e a filosofia política

A filosofia política raras vezes, ao longo da história, esteve desligada da política imediata ou próxima. Não é o que imaginamos no Brasil, onde nutrimos uma visão meio empertigada da filosofia, afastada dos problemas de nosso dia-a-dia. Mas penso que faz parte da condição subdesenvolvida, ou melhor, da aceitação de um papel subalterno no jogo político mundial, a idéia de uma excessiva solenidade dos textos e mesmo das grandes obras. Enquanto não rompermos com esse esquema respeitoso, submisso, em relação aos clássicos — ou às duas ou três línguas européias e aos quatro ou cinco países do Atlântico Norte que oligopolizam a reflexão dita de ponta —, não iremos além da dependência, e de uma dependência, mais que tudo, introjetada, escolhida e acatada por nós.

Provavelmente isso decorra de um equívoco em relação ao termo *clássicos*. Acostumados que estamos a olhar de longe os centros de produção econômica e intelectual, tudo se torna grandioso, único, apartado do cotidiano. Mas basta ver de perto os clássicos, de ontem ou de hoje, para perceber que as circunstâncias sempre detiveram importante papel em sua produção. Isso vale em particular para a filosofia política: dificilmente ela nascerá de fora da política, ou pelo menos da *atenção* a ela. É verdade que muito autor, como Maquiavel banido de Florença ou Hobbes refugiado na França, escreveu sobre a política quando estava impedido de praticá-la. Mais ainda: escreveu sobre a política *porque* estava impedido — sobretudo Maquiavel — de praticá-la. Mas mesmo assim sua reflexão brotava de uma ação, pelo menos, sonhada. *Sem a ação no horizonte, não há filosofia política.* Daí que não tenha cabimento nossa tendência, quase subserviente, a imaginar que a filosofia só ocorre quando o pensador assume a cátedra e pontifica.

Ora, a posição de pontífice convém mal à filosofia. Esta só tem sentido, pelo menos no que diz respeito à pergunta sobre a ação — e portanto à ética e à política —, quando assume um tom *crítico*, o que, em nosso tempo, significa demolidor e mesmo subversivo.[1]

Assim, se os conceitos, idéias e suspeitas que nascem da filosofia política têm alguma serventia, esta está em serem postos a funcionar. Um dos modos disso é fazê-los pensar uma sociedade — no caso, a brasileira. Estou persuadido de que o deslanche entre nós da filosofia política — que é uma das áreas da filosofia em que temos gente bem capacitada trabalhando — dependerá em boa

1. Falar em *crítica* faz pensar em Kant. Mas há uma grande diferença entre o que era a crítica para o filósofo alemão e o que ela deve, ou pode, ser em nossos dias. O tribunal da razão kantiano destituía a superstição, o preconceito. Por ser da razão, mais do que por ser tribunal, minava os fundamentos do trono e do altar. Exerceu importante papel na contestação aos valores estabelecidos.

Hoje, porém, na expressão "tribunal da razão" o primeiro termo parece prevalecer sobre o segundo, e a razão se entende como repressora, porque julga. Para nós, do lado do trono e do altar, ou seja, da repressão, está o judiciário. E é por isso que a crítica, o grande legado terminológico kantiano, hoje precisa ser mais subversiva do que judicante: seu papel não é tanto o de investigar o que tem legitimidade, e sim, sobretudo, o de destituir o que aparece como poderoso.

medida de sabermos priorizar questões com as quais sintamos um compromisso forte, desse que nos agarra pelo estômago, e não apenas um vínculo frouxo, estritamente contemplativo. A filosofia *política* precisa assim explicitar muito bem seu elo com o mundo da ação, com tudo o que este possui de frágil, duvidoso, efêmero.

Basta, aliás, ver que ainda hoje consumimos obras que nos vêm do mundo capitalista avançado, e que partem de um problema ou episódio específico de lá; mas nem por isso têm, esses livros, menor valor; o curioso é que são repetidos por aqui, e até se explica, a nossos concidadãos que os leiam, o contexto preciso em que nasceram. Deixo claro que essa origem não amesquinha tais obras; mas raras vezes nos atrevemos a começar, também, de algo tão frágil, local ou datado. As circunstâncias do mundo desenvolvido, por débeis que sejam, ainda expressam a nossos olhos uma dignidade, mais que isso, uma *necessidade*, de que nossa vida, social ou política, parece desprovida.[2] Em outras palavras, continuamos achando

2. Dou um exemplo de erro meu, para não parecer que estou criticando apenas os outros. Bastante tempo atrás, traduzindo Derrida, deparei com uma passagem em que ele usava sucessivamente os verbos *réfléchir* e *refléter*, que ambos se dizem "refletir" em nossa língua, só que no primeiro caso expressando a ação de quem pensa e, no segundo, a de quem ou o que espelha. Um reflexo, que felizmente dominei, quase me levou a lamentar que em português não tivéssemos dois verbos distintos para exprimir duas idéias diferentes etc. etc. (e isso quando o autor, justamente, estava enfrentando a distinção francesa entre os dois, a fim de formar uma cumplicidade que, entre nós, está dada). Curiosamente, o mesmo reflexo poderia levar-nos a lastimar que *play*, *jouer*, *spielen* entre nós se possam dizer "jogar", "brincar", "representar" e ainda de outras formas.

Duas conclusões, disso. Primeira: o que vale para nossa história, nossa política, nossa sociedade, vale igualmente para nossa língua. Colocamo-nos sistematicamente em posição de inferioridade. Aceitamos a circunstância do Primeiro Mundo como necessidade, e reduzimos nossa necessidade a falha ou carência. Segunda: esse é um jogo (ou brinquedo? ou representação?) em que só podemos perder, vencer nunca. Ora distinguimos o que no Atlântico Norte está unido, ora unimos o que lá está separado. Mas por que estarão certos eles, e não nós? Por que algum estará certo, e outro errado?

que o universal pertence ao Primeiro Mundo, e que estamos confinados no particular. Pouco importam os inúmeros trabalhos que, nestas décadas, a começar pelo *Manifesto Antropofágico*, de Oswald de Andrade, mostraram como nossa condição de esguelha, de viés, de través pode permitir uma leitura pelo menos original: em filosofia, continuamos reféns de alguma dependência.[3] A ambição do presente livro estará atendida se contribuir para deslanchar uma reflexão, uma produção neste rumo.

Se vamos, nos artigos que se seguem, articular política e Brasil, qual a diferença entre este projeto e um de *ciência* política? Como distinguir, desta última, a *filosofia* política, na qual nos inscrevemos? Penso que cabe recusar certas distinções óbvias, porém duvidosas, como as que recortam filosofia e ciência segundo a mesma oposição que haveria entre teoria e prática, ou ainda entre vida teorética (ou contemplativa) e vida ativa: pois a própria filosofia *política* não pode viver sem elos com a ação. A diferença não está naquele recorte, mas no *modo* como a filosofia política se liga à ação.

Diria que — em política, pelo menos — a filosofia terá, sempre, que ser *mais imaginativa* que a ciência. Essa última estará mais ligada ao monitoramento da ação imediata. Fará estudos, sondagens, propostas. Se com isso terá êxito ou não, ignoro. Não nego suas qualidades, seus resultados. Mas seu enfoque distingue-se do filosófico. A filosofia não é ciência, assim como não o são essas outras formas de conhecimento que se chamam as artes e a literatura: em todas elas, age o sonho.

3. Creio que é desnecessário dizer que não defendo nenhum fechamento sobre si, nenhuma patriotada cultural. Tudo o que é bom deve ser incorporado, venha de onde vier. O que critico é o viés subalterno, a subserviência.

A ciência costuma ter por ideal implícito o último estado — constantemente atualizado — da informação. Um ideal freqüente na ciência, e mesmo nas ciências humanas, seria estar sempre *on line*. O seu passado ou se confirma — e deixa assim de ser passado, já que se mantém presente — ou se desmente e, nesse caso, se apaga. Por isso, o passado, *enquanto passado*, sempre se apaga. A ciência vive num presente ideal, intensificado. Já as humanidades, e entre elas a filosofia, têm uma história de longo percurso, que elas nunca renegam. Como não é possível *refutar* um romance — ou uma teoria filosófica —, sua história não é marcada por uma série de críticas aniquiladoras, como nas ciências. As humanidades não têm uma validade priorizada no presente. Seu *corpus* constitui um *patrimônio*,[4] coisa que não teria sentido algum para as ciências: tudo o que nas humanidades se produziu continua dotado de validade. Sua história não é um processo de perda (do que é refutado ou contestado) e de progresso (pelo qual o moderno se mostra superior ao antigo): é uma história na qual os diversos tempos permanecem — embora isso *não* signifique que seja estática ou deva manter, com o passado, relações de reverência.

Por isso mesmo, as humanidades *não* são, ao contrário das ciências, um produto da *modernidade*. O conhecimento que hoje chamamos científico é todo ele, em seus traços essenciais, fruto dos tempos modernos, que revolucionam a idéia de ciência, primeiro, separando o sujeito do objeto, segundo, propondo-se a

4. A rigor, *patrimônio* se refere a algo material, e o termo adequado seria *tradição*. Mas cada um de nós tem suas antipatias: não consigo fazer o elogio da tradição. Minha formação a fez considerar como coisa estática, conservadora. Prefiro entender que aquilo que permanece, como um clássico, pertence aos *ativos* de nossa cultura: se isso lhe confere materialidade excessiva, azar, sejamos materialistas ao menos na linguagem e nos gostos; daí, a preferência por *patrimônio*.

dominar a natureza a fim de nos tornar seus "senhores e donos", como quiseram Bacon e Descartes. Já as humanidades não cindem o sujeito do objeto, nem têm maiores efeitos práticos fora de si mesmas. Daí, curiosamente, que elas permitam — por sua própria antigüidade, por sua senioridade em face dessas jovens modernas que são as ciências — uma crítica profunda e séria da modernidade; daí que possam, até, por não serem modernas, ser retomadas por aquilo a que se chama pós-modernismo.

Com isso, de todo modo, proponho uma espécie de sinuca. Afinal, comecei dizendo que a filosofia, quando *política*, tem que estar voltada para a ação e o presente. Contudo, agora acrescentei que a *filosofia* política se distingue da *ciência* também política porque modera sua relação com o presente, mediante uma ligação histórica forte. Não há uma contradição aqui?

Penso que não. Na verdade — e é neste ponto que critico a abordagem usual em história da filosofia —, o forte engate da filosofia *política* com o passado é apenas um meio de expressar coisa mais importante: o seu forte *desengate* do imediato. Só que esse desengate, e é isso o que conta, não é um distanciamento como o da vida contemplativa, e sim um distanciamento *imaginativo*. O essencial é que *a filosofia política imagina e sonha; é por aí que ela se distancia do imediato.* Fazendo-o, ela concebe *novas* potencialidades. Há algo de utópico, nela. Não da utopia no sentido mais fácil do termo (que constitui uma síntese do impossível com o generoso), mas no sentido de tomar distância do usual para procurar o inusitado. *Sonhar o novo: por que não?*

Finalmente, ninguém se assuste *demais*: escrever um livro de filosofia política sobre o Brasil *não* implica uma abordagem *sistemática*. Não se trata de elencar os conceitos maiores da teoria política, atual ou clássica, e de aplicá-los, em obediência a um programa predeterminado, àqueles que seriam os principais problemas da sociedade brasileira. Um projeto como esse estaria vacinado contra o risco e, por isso mesmo, fechando-se ao inesperado, não abriria espaço para algo novo, que é a única razão para se pensar.

Ao contrário, um trabalho como este pretende ser uma via de mão dupla. Por um lado — e é este o lado mais óbvio —, almeja mostrar que os conceitos de filosofia política, como público, privado, representação, detêm alguma utilidade para se pensar uma sociedade determinada. Por outro — e aqui talvez esteja sua maior ambição —, supõe que, de uma sociedade diferente das usuais, daquelas que deram à modernidade o seu cânone, seja possível extrair provocações para a teoria, forçá-la a pensar o novo, a dar algum tipo de salto. Em suma, nosso descentramento pode ser, não um déficit em face da qualidade, mas uma promessa de excedente ou superávit em face do conhecido e usual, um aceno de novidade; quem sabe?

Alguns dos assuntos que se seguem já receberam tratamento de texto, por vezes em artigos de jornal. A discussão teórica dos temas da cidadania tem tudo a ganhar ao dar-se a público. Em outros setores da filosofia, a ênfase técnica talvez seja mais útil; mas, certamente, não na filosofia política. Uma discussão das questões da pólis, para ter cabimento numa sociedade de perfil ainda que incipientemente democrático, deve pressupor que os cidadãos não sejam apenas aqueles *de quem* se fala, mas também aqueles *a quem* se fala e, se possível, embora isso se mostre muito difícil, aqueles *que falam.*

Os textos que se seguem são, porém, todos originais ou, pelo menos, amplamente reelaborados. Tenho a tendência, feliz ou infeliz, de rever o mesmo tema, de modificá-lo seguidas vezes. Sou péssimo leitor de mim mesmo, porque sempre que me releio mudo alguma coisa. Sou igualmente incapaz de deixar de lado, por completo, um tema ou um texto que trabalhei. Quero acrescentar, às vezes retirar, algum ponto. Assinar — isto é, conferir o endosso final ao texto, mandá-lo seguir, no mundo, seu caminho próprio — não é, para mim, o fim do processo de escrita, mas somente uma etapa. Assino, mas depois sou tomado pela febre da reescrita. Aqui, está tudo reescrito — e, às vezes, por completo.

Esta talvez seja uma dificuldade minha de encerrar uma obsessão. Mas há também, no caso deste livro, uma convicção. Se considero importante participar das discussões dos temas atuais pela imprensa, entendo, porém, que esta participação não está no plano da mera opinião — mas no da discussão de idéias. Matéria política, ou ética, não tem na imprensa especializada (nos *journals*) o seu lugar por excelência, e na imprensa leiga (os jornais) um espaço degradado de mera divulgação. Pois se é na imprensa cotidiana, justamente, que a matéria ética ou política será posta *à prova*! Contudo, um artigo de jornal está submetido a regras precisas de tamanho, de simplificação de linguagem, de destinação a um leitor mais ou menos padrão. Nada impede que o artigo assim circunscrito respeite esse leitor, e pretenda, com ele, debater. Daí minha crença de que um texto possa, às vezes, mover-se em vários níveis, destinando-se tanto a um público mais culto quanto a um público mais amplo. Porém, na hora de passar do papel barato ao mais caro, de dar ao artigo a duração relativamente mais longa que o suporte-livro proporciona, convém desenvolver aquilo que ficou meio contido, e dar às idéias o tempo e o espaço que, de início, lhes faltou. Se nisto tive ou não êxito, é o leitor quem o dirá.

Sete Praias, abril/junho de 1999.

AGRADECIMENTOS

Agradeço a Ana Lúcia Pastore Schritzmeyer o encorajamento e o incentivo que me deu para este livro, que sai a público coincidindo com o nascimento de nosso filho, Rafael. A ela e a ele, pela felicidade havida e por haver, sou grato. Também agradeço a todos os que discutiram o manuscrito, no todo ou em parte, e em especial a José Murilo de Carvalho, Marilena Chaui, Jurandir Freire Costa, Alfredo Bosi, Peter Burke, Olgária Matos, Eduardo Rinesi, Heloisa Starling, Newton Bignotto, Wander Melo Miranda, Luiz Werneck Vianna, Jorge Forbes, Marcelo Jasmin, Maria Alice Rezende de Carvalho, Paula Montero e Nicolau Sevcenko. A todos eles sou grato pelas sugestões e mesmo discordâncias, e é claro que por isso não tenho como atribuir-lhes a responsabilidade por idéias que podem não ser as suas.

Registro, além disso, que o Conselho Nacional do Desenvolvimento Científico e Tecnológico, ou CNPq, financiou a elaboração destas páginas, mediante bolsa de pesquisa. E, finalmente, o Instituto de Estudos Avançados da USP, por proposta minha, iniciou com este livro um seminário, que espero continue, sobre obras em fase de conclusão.

A sociedade contra o social *ou* A sociedade privatizada[1]

O exame da linguagem corrente hoje no Brasil constata uma curiosa oposição entre os termos *sociedade* e *social*. Isso ocorre, em particular, no seu uso por parte de empresários, políticos e jornalistas — para começarmos por uma caracterização profissional. Mas também sucede, para passarmos a uma determinação *política*, que, porém, se sobrepõe à primeira, por parte dos setores mais à direita. Estes últimos anos, no discurso dos governantes ou no dos economistas, "a sociedade" veio a designar o conjunto dos que detêm o poder econômico, ao passo que "social" remete, na fala dos mesmos governantes ou dos publicistas, a uma política que procura minorar a miséria. Assim, "a sociedade" é *ativa*: ela manda, sabe o que quer — e quer funcionar por si mesma, sem tutela do Estado. Corresponde em boa medida ao que, na linguagem marxista, se chamariam as classes dominantes.

1. Uma primeira versão deste artigo saiu na *Folha de S. Paulo* em 27/6/1993, p. 1-3.

A confirmar essa leitura, podemos pinçar frases quase a esmo, tantas são elas: o modo de pôr fim à indexação da economia, disse Eliseu Resende, quando ministro da Fazenda, "seria acertado com a sociedade";[2] na mesma ocasião, afirmava o deputado Delfim Neto — respondendo à tese de que o atraso na aprovação do Imposto Provisório sobre a Movimentação Financeira teria feito o governo perder 600 milhões de dólares por mês — que, "ao contrário, a sociedade ganha 600 milhões de dólares por mês".

Já o social tem, por melhor ocorrência no discurso político, o lema "tudo pelo social", que serviu ao presidente Sarney para enunciar a intenção de acudir aos pobres, por meio de ministérios e agências que reduziriam a miséria absoluta — mas que acabou transmitindo uma imagem de franco fisiologismo e clientelismo. Essa política nunca deixou de ser assistencial, paternalista — ao oposto do que se entende por cidadania —, dado que apostava nos dispositivos da carência e da caridade.

Assim se mede a distância que vai da sociedade ao social: este adjetivo indica tanto as carências quanto o socorro que, sem lhes pôr fim, apenas as minora. Fica na esfera do paliativo. A caridade pode ter mudado de alcance nas últimas décadas, mas permanecem alguns de seus traços essenciais. Estes são os que determinam uma hierarquia na sociedade como sendo desejada por Deus, determinada pela natureza (é o que dizia o pensamento tradicional) ou, pelo menos — assim hoje expressa o discurso dominante —, como resultado normal do jogo das relações sociais de mercado. E em sua atuação efetiva os órgãos do Esta-

2. *Folha de S. Paulo*, 21/6/1993. O comentário de Delfim Neto data de dois dias depois, no mesmo jornal.

do que se ligam à assistência ou à caridade aparecem como não sendo nada sérios, mas — no melhor dos casos — corporativistas, ou, com maior freqüência, corruptos.

Já a seriedade fixou residência nos ministérios econômicos, que dentre as várias instâncias de governo são as que prevalecem.[3] A economia é séria e moderna; o social, perdulário e arcaico. É o que justifica priorizar o socorro a um banco ou à banca em geral, sobre as necessidades sociais. Torna-se imaginável um discurso que pretenda *o fim do social*, a fim de emancipar a sociedade. Não haveria, desse ponto de vista, grandes males em extinguir o que governos e políticos chamam o "social" (o que se associa, aliás, a um sonho que ronda o país, o de uma política sem políticos[4]). O problema, porém, é que entre "a sociedade" e "o social" se trava uma luta sem tréguas, por que não, de classes.

Isso porque o social e a sociedade não se referem aos mesmos meios sociais, às mesmas pessoas, à mesma integração que tenham no processo produtivo, no acesso aos bens, ao mercado, ao mundo dos direitos. O social diz respeito ao carente; a sociedade, ao eficiente.

Por isso a distância entre os dois se mostra quase intransponível. Não se trata apenas de passar do adjetivo ao substantivo,

3. Sempre há vozes dissonantes dessa primazia econômica, até no interior do próprio governo, mas sistematicamente são derrotadas. Cito Adib Jatene, então ministro da Saúde, em choque com o núcleo de poder, que aliás o acabou utilizando e vencendo: "Há uma visão diferente da área econômica e da área de saúde. Só que a área da saúde é prioridade de governo. Foi prioridade de campanha [ou seja, da campanha presidencial de 1994]" (*Folha de S. Paulo*, 22/6/1995, p. 1-6). Esse discurso tem lógica: nele, a economia é *meio* de assegurar escolhas políticas e/ou nacionais, as que o povo, como eleitor, efetuou.

4. Vejam-se, adiante, os artigos "O Brasil pela novela" e "Uma política sem políticos: Collor e Senna".

ou do passivo ao ativo. Simplesmente, não é possível ao objeto da ação social tornar-se membro integrante e eficaz da sociedade. A razão disso é que a diferença entre o social e a sociedade não é somente de perspectiva ou atitude: *o social é aquilo que não pode tornar-se sociedade.*

Faltam, é claro, razões para justificar a cisão exposta, a esquizofrenia entre social e sociedade. Faltam argumentos para sustentar o formato do que a imprensa e os conservadores chamam de "a sociedade". Por que aceitar tão facilmente que a forma por excelência de manifestar-se a voz coletiva seja a da economia, que as vozes a considerar sejam as dos "agentes econômicos"? por que aceitar que se exclua o mundo da política, com seu pressuposto democrático da igualdade? e por que, na economia, supor que só tenha racionalidade para agir quem detém o capital?

Numa sociedade democrática atual, o espaço público se delineia no conflito dos inúmeros discursos que o atravessam e constituem — incluindo os que tratam diretamente da política e da economia, mas também todos os que dizem algo sobre e para a sociedade, até mesmo, não raro, os religiosos. Ora, o que justifica reduzi-los para sobressair a voz da economia? Por que acreditar que ela fale por último, que seja sua a decisão soberana, como, na sociedade pré-democrática do século XVIII, a voz de Roma[5] (que, uma vez falasse, encerrava a causa ou a discussão) ou o estrondo dos canhões, dos quais se dizia que constituíam a razão última, e definitiva, dos reis?[6] Terá sucedido ao dogma religioso e à força armada, como discurso irretorquível, o da econo-

5. *Roma locuta, causa finita.*

6. Nos séculos XVII e XVIII, às vezes se escrevia nos canhões "última razão dos reis", para indicar que, não havendo mais diálogo ou arrazoado entre as partes, só restava a voz da guerra. Ver a apresentação de meu *A última razão dos reis*, São Paulo, Companhia das Letras, 1993.

mia? Mas a irretorquibilidade não é, justamente, algo que nega, de forma radical, a democracia, na qual todas as posições — e por isso mesmo todas as falas — se espera que sejam retorquíveis ou cambiáveis?[7]

Com esse discurso se transmite, implícita ou subliminarmente, a convicção — pouco contestada — de que *a sociedade é ativa enquanto economia, e passiva enquanto vida social.* Remetem-se à carência, à passividade, assuntos importantes como a saúde, a educação, a habitação, o transporte coletivo. Ao modo de tratá-los, confere-se o selo do fisiologismo e do clientelismo. Aos profissionais dessas áreas se paga mal e se põe sob suspeita.

Na verdade, "a sociedade" de que falo talvez seja herdeira do que o século XVIII chamava "la société", que gravitava em torno da corte (devo essa sugestão a Alfredo Bosi), ou daquilo que o XIX denominou "la bonne compagnie", literalmente, a boa companhia, a sociedade dos cronistas sociais. Contudo, um acréscimo ocorre: a sociedade do XVIII não se definia tão diretamente pela economia. Hoje, é o seu poder sobre a economia que a distingue. Ela negocia e decide. Seu conceito não está mais nas belas aparências, da vida suntuária ou divertida dos cadernos de variedades dos jornais; está na seriedade, nas páginas de economia.

Sabe-se, desde Freud, que as palavras não se usam de forma inocente e que carreiam, em especial quando mais parecem naturais, pressupostos indiscutidos e, por isso mesmo, fortes. Mas que preço paga uma sociedade como a brasileira (usando aqui o termo *sociedade* num sentido amplo, menos incorreto) ao

7. É, por isso, incompatível a democracia com a ditadura militar e com a teocracia, não por acaso seus dois maiores antagonistas na segunda metade do século XX.

cindir-se assim entre o substantivo e o adjetivo, entre o essencial e o dispensável, entre ação e carência? Desde que a vida social se amesquinha no fisiológico, e que a atividade econômica monopoliza a imagem da ação, da eficiência e da modernidade,[8] vivemos uma espécie de esquizofrenia.

É óbvio que o país não está dividido em duas realidades, como os "dois Brasis" de que se falou em décadas passadas. O problema é esse discurso que de tão difundido se tornou dogma de fé, segundo o qual nossa economia está cindida de nossa vida social — como se uma não implicasse a outra. O grave está nessa exclusão a que são submetidos a vida social, o cotidiano, a teia das relações que se nutrem entre os homens — um tecido rico e fascinante, mas agora conotado pela imagem de coisa menor, atribuída por aqueles que se proclamam sérios, que se dizem a sociedade.

A cisão entre o social e a sociedade, essa subordinação da vida social à econômica, cresce no discurso. Hoje está mais forte até do que no regime militar. Não estranha então a desconfiança de muitos ante o discurso que a imprensa e a área econômica — quer no empresariado quer no governo — reiteraram ao longo da década de 1990, segundo o qual a privatização das empresas estatais ineficientes seria o primeiro passo para o resgate da dívida social. Elas foram privatizadas, e o débito social só aumentou. O problema é que, antes mesmo de se proceder à privatização de uma estatal ou outra, o discurso dominante em nossa imprensa já tinha privatizado "a sociedade".[9]

8. Adiante falarei da ação praticada *com energia*, no artigo sobre Collor e Senna.

9. Em sua coluna semanal na *Folha de S. Paulo*, no dia 3 de julho de 1993, Antonio Callado comentou versão anterior deste artigo. Depois de resumi-lo e de concordar com suas teses, o que muito me honrou, concluiu: "Quando terá começado a surgir essa designação de 'a sociedade'? Eu me lembro de ouvi-la

em discursos e entrevistas de Ulysses Guimarães. Mas a fala de Ulysses era agradável, meio patrícia e displicente, e a expressão me pareceu coisa sua, pessoal. De repente, 'a sociedade' ganhou força total. Ela se apresenta como sendo o Brasil inteiro, quando não passa daquela pequena parte do país que tem educação sofrível e conta bancária ótima, que toma banho todos os dias e faz várias refeições" (Folha Ilustrada, p. 4-4).

Outra explicação que ouvi, de um amigo, é que "sociedade" se teria fortalecido como abreviação para "sociedade civil". Esse último termo teria os defeitos do comprimento e da carga conceitual difícil, tornando-se de compreensão mais restrita; já "sociedade" seria imediatamente legível. Pode ser: nos dois casos, é a simplicidade que conta, até mesmo para favorecer o triunfo de um termo que acaba tendo sentido bem distinto do que pretendia o próprio patrício Ulysses Guimarães (desaparecido, como se sabe, em fins de 1992), com sua idéia de "Constituição Cidadã".

Grandeza e miséria do "politicamente correto"

1. A AÇÃO POLÍTICA COMO COMPENSAÇÃO PELA HISTÓRIA PASSADA

Poucos anos atrás, no começo da década de 1990, perguntavam alguns se a doutrina norte-americana do politicamente correto (ou PC) tinha chances de chegar ao Brasil — mais precisamente, de conseguir em nossas universidades (e cultura) implantação comparável à que conquistou nas dos Estados Unidos. Argumentei que não, e acrescentei: infelizmente. É nestas linhas que retomo a questão: por ingênuo ou exagerado que seja o "politicamente correto", se ele não chega aqui não é por seus defeitos, mas por suas qualidades.

Desenvolveu-se nos Estados Unidos, nos meios intelectuais que defendem as minorias, a idéia de que é "politicamente incorreto" — melhor dizendo, de que é condenável — usar termos que conotem preconceitos. Assim, a própria palavra *negro* (em inglês) — que substituiu *black* (preto), *colored* (pessoa de cor) e o detestável *nigger* (altamente pejorativo) — não seria desejável, devendo-se preferir "afro-americano". O mesmo vale para várias outras palavras, como "deficiente", "solteirão" — em suma, todo termo que possa dar a entender uma falha, um defeito, e que agora é carregado, mediante circunlóquios, de positividade. E isso se acentua quando comunidades fortes — como os homossexuais da Califórnia — interferem em roteiros de filmes e outras obras, ou quando figuras históricas são condenadas mediante critérios morais fora de sua época (como sucedeu quando um condado da Louisiana resolveu que nenhuma escola pública de sua jurisdição deveria ostentar o nome de quem tivesse possuído escravos — o que eliminava, por exemplo, Thomas Jefferson). Tudo isso soa exagerado, e no Brasil é apresentado como ridículo. Contudo, para fugir ao simplismo no trato da questão, é preciso ver que a voga do "politicamente correto" não constitui um fenômeno isolado, mas está ligada a outras tópicas.

Duas considerações preliminares: primeira, o termo "politicamente correto" foi cunhado pelos detratores e não pelos defensores da posição que assim é retratada. Ninguém *afirma* ser politicamente correto. O termo sempre se expressa na terceira pessoa, ou pelo menos jamais na primeira, como acusação ou zombaria.

Segunda observação: evitemos, contra o "patrulhamento" promovido pelo PC, tomar a defesa dos produtos da indústria cultural. Quem, em sã consciência, pode dizer que ela se distinga pela liberdade de criação? Décadas a fio, Hollywood se conformou ao código Hays, que proibia beijos de mais de três segundos de duração ou que fizessem uso da língua, e difundiu mundo afora a impressão de que os casais norte-americanos dormissem em camas separadas. As séries de TV norte-americanas são fruto de inúmeras injunções econômicas, sociais, políticas: a própria presença de negros, nelas, é conquista de movimentos sociais. Assim, que minorias examinem com a lupa roteiros e programas para reclamar de termos preconceituosos não significa que alguma censura "esquerdista" venha massacrar obras-primas criadas em plena liberdade. Não são obras-primas, não foram criadas sem pressão, nem a crítica a elas é esquerdista.

Há, além disso, que destacar o que é positivo no chamado PC: a idéia — óbvia para qualquer lingüista, psicólogo ou psicanalista — de que a linguagem não é neutra, mas expressa, produz e reproduz uma visão de mundo. Nos anos 50, costumava-se comentar que os norte-americanos respondiam coisas distintas conforme lhes perguntassem se seu governo deveria manter relações diplomáticas com a China Continental (sim, sem nenhuma dúvida), a China Popular (sim, na maioria) ou a China Comunista ou Vermelha (de forma alguma!) — embora se tratasse do mesmo país. Ora, se a linguagem não se limita a traduzir fatos, mas expressa pontos de vista, é preciso expô-los e eventualmente combatê-los. Pode haver ingenuidade ou excesso, às vezes, mas tanto já se exagerou numa direção que não haverá grande mal em ir uns poucos anos no rumo oposto.

E isso porque a idéia de compensação pelo mal passado tem um pressuposto interessante. É o que justifica as políticas de ação afirmativa, popularmente conhecidas como sistema de cotas, que nos Estados Unidos procuram favorecer os grupos sociais que no passado sofreram discriminações. Assim, para o negro ou a mulher ingressar em certas universidades, ou em certos empregos, ele — ou ela — não necessita de um desempenho igual ao do varão branco. É como se ele (ou ela) tivesse um adicional de certo número de pontos, de modo que em caso de quase-empate pudesse prevalecer sobre quem pertence a um grupo historicamente mais aquinhoado. Ora, essa idéia se mostra bastante defensável: a história tem que ser pensada como o que foi (ou é), a saber, como uma relação de *violência*, na qual certos grupos sociais prevaleceram sobre outros. Esse predomínio não foi inocente ou casual, mas deliberado, e resultou em chagas que tendem a se perpetuar. Se não houver uma ação clara e decidida em rumo contrário, os negros — e as mulheres — sempre reproduzirão seus maus escores na disputa pelo emprego, e a hierarquia social se manterá mais ou menos a mesma.[1] Daí que se justifique uma correção de rota, gerando até o que pode soar como injusto ou excessivo, mas que — se as medidas forem temporárias e bem orientadas — constituirá um dos melhores meios de reverter a desigualdade.[2]

1. No recorte atual da sociedade, mais conservador que nos anos 80, a desigualdade social não é atacada enquanto tal, mas minorada mediante políticas que favoreçam a progressão dos mais pobres que tenham mérito. Parte da "ONGuização" da sociedade, isto é, da substituição do conceito de sociedade civil pelo de entidades beneméritas que se voltam para a prática localizada do bem, uma vez que renunciem a melhorar a sociedade como um todo, consiste em atividades que permitam à nova excelência — ao pobre inteligente, ao bom esportista ou ao rosto bonito — ascender socialmente. Desnecessário dizer que isso não resolve nada: em verdade, apenas retoma a velha benemerência do século XIX.

Evidentemente, não se pode confundir a ação das ONGs em geral com essa ação, que é de algumas, e além do mais deve-se convir que mesmo isso é melhor que nada. Contudo, a cooptação das camadas inferiores da sociedade não responde a um projeto de justiça: não passa de velha estratégia voltada a manter a desigualdade, renovando em qualidade (e por vezes em beleza) as classes dominantes. Sobre esse procedimento no Brasil do século XIX, quando eram cooptados os mulatos inteligentes, para renovar o espírito, e as moças pobres porém bonitas, para assim adquirir corpos formosos, consultar o último capítulo do belo livro de Gilda de Mello e Souza, *O espírito das roupas*.

2. Um dos melhores meios, mas não necessariamente o único, ou sequer o melhor em si — apenas, o melhor num arsenal de meios não-revolucionários. A ação afirmativa, ou o politicamente correto, constituem modos de ação *reformista*. Se pensássemos em revolução, a coisa seria diferente. Mas também os problemas seriam outros, e poderíamos, deveríamos, perguntar: 1) uma proposta de revolução, que mude o mundo pelo avesso, é *viável* hoje em dia (a não ser nos cafundós do mundo)?; 2) e, com toda a violência que ela implica, é *desejável*?

Aqui está o que a zombaria contra o PC dissimula: ele reage contra velhas idéias conservadoras, por exemplo, a de que o negro só é bom se submisso. Nos Estados Unidos, é a imagem do Pai Tomás; no Brasil, a da mãe negra ou a do negro "com alma branca". O que dizem ainda hoje nossos livros escolares, a despeito de elogiáveis iniciativas (inclusive oficiais), sobre o negro e o índio? Quantos preconceitos não rodam por aí, moldando a mente das crianças assim como moldaram as nossas? A crítica efetuada pelo PC afeta sobretudo a pedagogia. Por isso, é errado dizer que "o pessoal do PC" seja, só ele, ideológico; a educação e a informação (jornais, TV etc.) já o são, e o PC luta por escolas e meios de comunicação que respeitem melhor a diferença.

Com isso tudo, há ridículo? Há, mas é o de menos — e dele trataremos adiante. Mais grave é que o chamado PC exiba um traço tipicamente norte-americano, que é o do *lobby*. A sociedade norte-americana perdeu há muito a noção de um espaço público,[3] em que se discutem políticas amplas e gerais: a opinião lá se dissolveu numa infinidade de pequenos interesses locais ou setoriais. Estes se prestam melhor ao engodo, porque, na falta de uma definição geral, as promessas a qualquer segmento social podem facilmente ser frustradas. Tal como há *lobbies* da indústria militar, surgem *lobbies* dos discriminados, é claro que de estofo mais democrático — só que os primeiros alcançam mais vitórias do que os segundos, que quando muito conseguem um

3. A esse respeito, além do clássico de Richard Sennett (*O declínio do homem público*) — que, é verdade, não se aplica apenas, nem fundamentalmente, aos Estados Unidos, mas a toda a cultura pós-rousseauísta — convém lembrar o brilhante ensaio de Russell Jacoby, *Os últimos intelectuais*. Esse livro argumenta que o intelectual que vivia no centro urbano, ao deslocar-se para os subúrbios e para os *campi* universitários, perdeu o que chamamos de espaço público, para tornar-se o que eu chamaria de um lobista de si mesmo. E a carreira universitária o que é hoje, num ambiente competitivo, senão um veemente *lobby* conjugado na primeira pessoa?

lugar ao sol, e não uma nova sociedade. Ainda assim, isso é bem mais que no Brasil. Espanta — e revolta — que se zombe das interferências PC enquanto se calam as dos militares ou empresários: afinal, todos são *lobbies*.

Por que, então, será tão difícil o "politicamente correto" implantar-se aqui? Primeiro, porque o PC — embora não seja de esquerda — tem uma remota dívida com o pensamento de Marx. Foi Marx, com a crítica da ideologia, quem forjou algumas das ferramentas que melhor permitem decifrar o que um discurso transmite sub-repticiamente. Assim, é inevitável que uma crítica da fala preconceituosa deva algo à crítica marxista da ideologia. Dessa forma, pelo menos em nosso país, o PC paga pela queda do comunismo, e sofre com o recuo generalizado das reivindicações sociais.

Mas há outra razão, a principal. O PC constitui a ponta de um *iceberg* formado por movimentos sociais organizados na defesa de direitos humanos (no caso, os de minorias). Como os Estados Unidos pulverizaram sua vida política em ações de *lobbies*, esses movimentos sociais, às vezes generosos, às vezes egoístas, se constituíram de uma forma que pouco tem de esquerdista: a esquerda sempre mantém algum compromisso com o socialismo (por vago que seja esse termo), e portanto sempre enuncia um projeto de sociedade, não de grupos.[4]

4. Argumentarei, adiante, no artigo sobre o real ("O real e seu imaginário, ou O fim da esquerda iluminista"), que o eixo principal a definir a esquerda — aquilo sem o qual ela *não* pode ser esquerda — está em reconhecer o conflito, e em entender o seu teor social. O PC percebe o conflito; mas seu problema é que nem sempre compreende que ele é social; com freqüência o transforma em étnico, ou em mero conflito entre homens e mulheres. O conflito é, pois, convertido em *natureza* — em algo que está acima ou fora da ação humana. Ora, uma perspectiva de esquerda reconhece o caráter específico do conflito racial ou de gênero, mas o situa *socialmente* — e portanto no campo em que os humanos podem e devem intervir.

Organizações dessa espécie são fracas no Brasil, e as que existem não contam com a simpatia da opinião pública. E isso é de se lamentar nos ataques dirigidos ao PC: antes de se zombar dos exageros de certos movimentos norte-americanos, não seria preciso romper a cumplicidade que ata nossa opinião pública a quem incita à violência nas rádios matutinas, a quem ridiculariza e humilha a mulher nos programas de humor? Se alguma cultura pode dar-se o luxo de achar risível o excesso nos direitos humanos, não é, certamente, a nossa.[5]

2. JUSTIÇA E MAU HUMOR

Uma palavra sobre o humor. Por uma razão que tentaremos esclarecer, nossa opinião pública desenvolveu um radical antagonismo entre o PC e o humor. Isso ocorre sobretudo nos cadernos de cultura dos jornais. Elogiam-se peças ou espetáculos engraça-

---

Assim, se por exemplo o conflito homens/mulheres é remetido à natureza, ou mesmo descrito em termos naturalizantes, a intervenção humana no mesmo fica bastante limitada. Não irá além de práticas *compensatórias*, digamos, pelos prejuízos que as mulheres sofrem no ambiente de trabalho, no espaço público etc. Porém, se quisermos que haja realmente mudanças, será preciso entender que mesmo os conflitos que tenham a ver com diferenças étnicas ou de gênero somente continuam existindo à medida que o natural é retrabalhado socialmente — e, portanto, o conflito se torna social.

Curiosamente, a naturalização das relações sociais é comum no Brasil, conforme argumentarei adiante ("O real e seu imaginário") e conforme têm mostrado, entre outros, José Murilo de Carvalho e Marilena Chaui. O que nos separa do PC não é, portanto, isso — mas o fato de que uma coisa é a naturalização do conflito social, que ele efetua; outra, a das relações sociais, que delas extirpa o caráter conflituoso, e que é nossa marca registrada.

5. Uma primeira versão deste artigo apareceu na *Folha de S. Paulo*, caderno "Mais!", em 29 de março de 1992, p. 5-3. Continha a maior parte das idéias aqui expostas. Contudo, o que se segue é inteiramente novo.

dos *porque* são "politicamente incorretos". (É praxe acrescentar-se, à forma adjetival "politicamente incorreta", um "deliciosamente": a injustiça é gostosa, derrete-se na boca.) Uma das raras críticas que uma mídia quase totalmente americanófila dirige à cultura dos Estados Unidos está na importância que lá se confere ao politicamente correto, o qual submeteria as relações humanas a um forte estresse — o de juízos implacáveis e demasiado racionais —, matando-lhes a espontaneidade.

Mas insistamos no humor. A freqüência com que esse tipo de afirmação se lê na imprensa faz pensar que o humor cresça na mesma proporção da, por assim dizer, incorreção política. Na verdade, porém, o que temos aqui é tão-só um novo avatar de velho antagonismo de feitio conservador, não apenas nosso, mas quase mundial: o humor, a leveza, a capacidade de lidar com a vida em sua complexidade estariam na razão inversa do investimento rigoroso na justiça.

Quanto mais justo for um empenho político, mais o seu praticante se estaria incapacitando de lidar com as coisas como elas são e, sobretudo, com os humanos assim como são. A razão para tanto é que a vontade decidida de introduzir a justiça neste mundo seria tributária de um racionalismo radicalizado. De tanto usar a razão, perder-se-ia o jeito, a ginga com que se lida com o mundo. Uma teoria jamais daria conta dessa realidade. Daí que as teorias, inclusive as sociais, seriam inadequadas — ou pelo menos bastante insuficientes — para dar conta do que existe, e mais ainda para modificá-lo.

Em larga medida, essa convicção — ainda que tão forte no Brasil ou pelo menos em nossa mídia — remete a Edmund Burke e a Alexis de Tocqueville, nas suas críticas à Revolução Francesa.[6]

6. Edmund Burke, *Reflections on the Revolution in France*, que é uma crítica devastadora da Revolução Francesa quando esta está ocorrendo. Tocqueville,

(É bastante curioso encontrar o parentesco de uma convicção aparentemente tão pouco refletida, tão espontânea, de nossa mídia com autores do porte desses dois.) Implicitamente, trata-se de uma contestação em regra da XI Tese de Marx sobre Feuerbach,[7] a qual propunha cessar as interpretações do mundo, a fim de voltar todos os esforços para mudá-lo. Queria Marx, com essa Tese, contrapor a vida contemplativa do filósofo intérprete à vida ativa de quem quer modificar o mundo — melhor dizendo: ele não negava que a vida contemplativa, o *otium* do sábio, tivesse cumprido um papel histórico; mas desse mesmo papel saía a necessidade de dar-se um salto qualitativo, de passar ao *negotium*, de realizar na prática o que a teoria tinha levado até o seu limite. Ora, no dispositivo conservador, entende-se tal mudança por impossível, e subentende-se que o desejo de mudar só pode brotar de filósofos, que interpretam. Explicando melhor: Marx começa a ser Marx quando critica o interpretar filosófico, não como atavicamente errado, mas como *insuficiente*. Já a direita coloca no mesmo balaio a filosofia, a interpretação *e* o anseio de mudar o mundo, criticando-os, a todos, por incapazes de lidar com uma complexidade que deita raízes tão fundas que é impossível modificá-la mais que num ponto ou outro.

O Antigo Regime e a Revolução, que é mais uma tentativa de compreender os fenômenos sociais do que uma tomada de posição contra-revolucionária. Na verdade, o que Tocqueville mostra é uma continuidade do Estado centralizador de Luís XIV para o projeto revolucionário (por isso, não condena a Revolução). O que ele contrapõe a esta última é, sobretudo, uma formação mais sensata, como a inglesa, na qual um longo trato da coisa pública gera uma maior capacidade para lidar, digamos, com a vida como ela é. Contudo, por isso mesmo, sua crítica é mais forte ao Estado instituído por Luís XIV do que ao dos jacobinos.

7. Numa tradução livre: "Os filósofos até agora interpretaram o mundo, de várias maneiras; chegou a hora de mudá-lo". As *Teses sobre Feuerbach* datam da primavera de 1845.

Marx, querendo passar do fraseado à ação,[8] não critica o interpretar em si mesmo, e sim em sua insuficiência. Interpretar, se foi necessário e positivo, não é, contudo, suficiente: há, agora, que agir. E até se pode argumentar que esse salto foi tornado necessário — e possível — pela interpretação. Portanto, esta não é má em si mesma. Sua insuficiência não é absoluta, mas a de uma etapa, a de uma condição prévia. Sua insuficiência *presente* é indiretamente a prova mesma de sua relevância, de sua necessidade *passada*. Contudo, para os possíveis críticos de Marx ou do PC ora em pauta, o impedimento não estaria na *passagem* da interpretação ao agir, isto é, na realização da filosofia, em seu tornar-se mundo — ou seja, numa fase *posterior* àquela em que filosofar ou interpretar foi legítimo —, mas já no próprio *élan*, no *arranque* que leva à filosofia ou à hermenêutica. Dizer insuficiência, assim, é pouco: trata-se é de *ilegitimidade*. O fundamento não é insuficiente, é errado. Não falta apenas uma passagem: falta, ou falha, tudo. Com um tal fundamento, a passagem não fica apenas faltando — ela fica impedida, impossível.

A falha de base estaria num modo tão radical de ver as coisas que resulta inadequado e fantasioso. Marx contrastava a inação do filósofo tradicional, mesmo de esquerda, com a ação que viria de sua imersão nas lutas proletárias. Há em sua obra, em especial no *Dezoito Brumário*, uma crítica aos homens de letras — que formam o grosso do partido republicano, em 1848 — que

8. Uma leitura possível da Tese consiste em entendê-la como uma crítica à retórica: chega de fraseado, vamos à ação. Sem dúvida, a Tese é mais sutil que isso: não trata de parar de falar, mas de cessar a voragem das interpretações. Contudo, o que podemos argumentar é que os vícios do "interpretar" são os mesmos *usualmente* atribuídos à retórica: numa palavra, a falta de compromisso com uma base sólida, que seja a verdade ou — no caso — a ação legítima. É essa base instável, ou falta de base, que permite a proliferação sofística das palavras ou a vertigem de um interpretar sem âncora.

poderia ser endossada por Tocqueville ou mesmo Burke.[9] Mas, ainda assim, o que Burke e Tocqueville lhe poderiam redargüir é que mesmo a ação que ele, Marx, contrapõe à inação intelectualizada e beletrista faz parte, também, desse enfoque fantasista, literário, irreal. Tudo na esquerda — seja ela a utópica, que Marx e Engels criticam, ou a "científica", que eles instituem — é assim visto como sonho e devaneio: falta-lhe o necessário enraizamento numa prática mais lenta, sóbria, mas a única a funcionar, porque se baseia numa longa experiência, como a que a política e o direito inglês proporcionam.

No fundo, temos aí as oposições entre direito romano e *common law*, entre racionalismo e empirismo, entre soberania popular e *checks-and-balances*, entre revolução e evolução, entre utopia e prática moderada ou (dirão os opositores) conservadora, e quantas mais — em que o primeiro termo da oposição sempre padece de excessivo racionalismo, enquanto o segundo, apesar de o valorizarmos menos, tem em seu favor o sucesso no trato do mundo real, o mundo dos homens.[10] Enfim, uma tal crí-

9. Desse paralelo nas leituras entre Marx e Tocqueville, tratei em minha "Apresentação" às *Lembranças de 1848*, de Tocqueville.

10. Explicando um pouco: o direito romano, na imagem que dele usualmente se tem, parte de princípios que codifica e impõe ao mundo. Obra integralmente racional, o direito romano teria na lógica interna de sua constituição e na ordem de sua exposição traços decisivos. Já a *common law*, ou direito costumeiro, baseia-se em precedentes e na tradição. É certo que essa tradição é dita racional (seria uma "razão artificial", a de seguidas gerações de intérpretes da lei), mas é uma razão, digamos, mais empírica, menos ambiciosa, mais à escuta do mundo do que no propósito de impor-lhe régua e compasso. A respeito, ver meu *Ao leitor sem medo*, sobretudo o cap. VI, "In tormento veritas".

A soberania popular é a grande criação da Revolução Francesa. Teóricos da soberania já havia desde séculos, sobretudo Jean Bodin e Thomas Hobbes, mas sua primeira grande aplicação sistemática, tendo como sujeito o povo e não mais o rei, aparece com os jacobinos, ao radicalizar-se o movimento iniciado em 1789. É verdade que a Constituição dos Estados Unidos, de 1787,

tica de direita à Revolução vê nesta última o resultado das ilusões iluministas: o propósito de colocar uma ordem justa no mundo teria falhado. Como discutiremos adiante, no artigo sobre a moeda brasileira, o iluminismo manteve fortes relações com uma política de esquerda.

---

começa com "Nós, o povo", mas em larga medida se trata de um acordo entre Estados, que conservam sua personalidade própria e continuam tendo voz numa assembléia especial e poderosa, o Senado, a qual limita os poderes da casa realmente eleita pelo povo, a Câmara de Representantes. Com os franceses é que passa à prática a idéia de que o povo possa, diretamente ou por seus eleitos, decidir.

Em face dessa soberania popular irrestrita, os ingleses do século XVIII e, depois, os norte-americanos adotam uma política conhecida como a dos *checks-and-balances*, contrapesos e equilíbrios: o poder, em seu princípio mesmo, seria mau, perigoso, nocivo (ao contrário da tese da soberania, para a qual é mau o poder em mãos más, e é bom se estiver nas mãos corretas, *legítimas* — no caso, as do povo. Para os soberanistas, o poder em princípio é neutro, ou mesmo potencialmente *positivo*).

É célebre a frase de Lorde Acton, historiador e pensador liberal inglês do século XIX: "Todo poder tende à corrupção, e o poder absoluto corrompe absolutamente". Note-se o contraste: o poder, enquanto tal, não corrompe necessariamente, apenas *tende* a corromper; mas, se absoluto, *efetivamente* corrompe. A diferença entre o poder ("todo poder") e o poder absoluto é que a capacidade corruptora do primeiro pode — e deve — ser limitada por um outro poder, que a ele se contraponha, que o equilibre: daí, a doutrina do equilíbrio dos três poderes. (Tratei desse assunto, em outra chave, no penúltimo capítulo de *A última razão dos reis.*)

Ou seja, para voltarmos a nossa oposição: a soberania popular é uma doutrina filosófica, que, sem ter sido testada previamente, se vê aplicada à realidade com o intuito de sanar seus problemas. Assume assim o feitio de uma revolução. Ora, por definição, um projeto revolucionário é novo, inédito, e não foi comprovado anteriormente. Assim, a enorme mudança que ele impõe ao mundo parte de uma teoria sem correspondente prévio no âmbito prático. Daí, finalmente, que uma revolução passe necessariamente por muitos tropeços. Dela, não se pode esperar que dê prontamente bons resultados. O seu momento empírico, ou prático, é *posterior* ao teórico. Se tiver êxito, esse será demorado, até porque um sem-fim de ajustes se fará necessário entre a teoria e a prática.

Começamos esta passagem opondo o humor usual ao politicamente correto, porque este seria *enfadonho*. Faltar-lhe-ia graça, leveza, capacidade de fazer-nos rir das coisas e do mundo. Com isso, o que procuramos mostrar é que o *humor* assim aparece como a síntese do *humano* — de um humano sem ideais, mas por isso mesmo até mais humanitário, porque não impõe às pessoas ideais impossíveis — ao passo que a justiça é delineada como um anseio demasiado filosófico para poder implantar-se. Daí resulta que a justiça possa ser injusta, e o conservadorismo, generoso. Evidentemente, como o legado do socialismo real está longe de ser o da justiça e o do humanismo, há alguma razão nessa tese. Contu-

---

Já uma idéia "inglesa" da política, a dos contrapesos entre os poderes, é sobretudo uma prática, uma descoberta empírica destilada ao longo dos tempos. Não admite, pois, uma revolução, assim como não aceita uma teoria forte, uma filosofia de peso por trás de si. Daí, aliás, que às filosofias de melhor cepa correspondam políticas mais fracas e menos eficazes. Os britânicos serão bons na economia e na política, os europeus continentais na filosofia — sobretudo os alemães, de política e economia mais atrasadas. Isso, é claro, permitirá a quem ficou "para trás" — tão logo a história passou a ser concebida pelas categorias do progresso e do atraso — tentar saltar as etapas, promovendo uma revolução ou, pelo menos, um crescimento acelerado. Aqueles que não se beneficiam da evolução pensam, assim, em fazer uma revolução.

Dessa forma, revolução, filosofia e utopia têm forte vínculo. Só uma teoria densa permite romper com a prática vigente — e o faz em nome de uma mudança radical e sistemática nas coisas do mundo, ou seja, de um projeto utópico. Em contraste com isso, o monitoramento fino das coisas existentes é, na melhor das hipóteses, reformista — mas alega, na prova do pudim, que é comê-lo, trazer resultados mais positivos do que os devaneios dos filósofos que se põem a sonhar utopias.

Finalmente, é por isso que a crítica conservadora à temática européia continental (sobretudo, francesa e alemã) da revolução e da soberania popular pode e precisa afirmar que a teoria em excesso constitui delírio, que a filosofia sem experiência não se distingue de uma forma de loucura, que o bem geometrizado produz o mal. Da razão se chega à loucura, não porque a primeira negue a si própria, mas porque se exacerbe.

do, o mínimo a dizer, do conservadorismo, é que ele está muito distante de ajudar a emancipação das pessoas: e por isso não há como concordar que ele possa ser generoso. De todo modo, a associação entre humor, leveza e espontaneidade — opostos à justiça, à seriedade e ao mau humor — é mais que duvidosa.

O que tal concepção indica é, primeiro, uma visão bastante preconceituosa da justiça; segundo, uma noção muito limitada do humor. Em suma: até quando estaremos condenados — nós, brasileiros, que rimos; eles, os norte-americanos, que não riem — a cindir radicalmente a risada e a justiça? Até quando a gargalhada sairá mais fácil quando vier do preconceito, e não da crítica? Nosso humor televisivo em boa medida se faz de imagens negativas, em especial da mulher e do homossexual, apresentados ambos como "menos", com um déficit em relação à razão, ao equilíbrio, à norma.

Na verdade, o problema não está no elogio do humor e na crítica da gravidade. Que o espírito da leveza e da finura seja superior ao de seriedade e de geometria quando se aplicam às coisas humanas, que a imposição implacável da justiça às relações sociais tenha acarretado injustiça e infelicidade — é certo. Não há o que contestar na oposição assim definida, mas há muito a criticar na definição de cada um dos termos opostos. Por que o humor precisará ser sócio da prepotência e da opressão? Por que estará a graça no conservadorismo? Por que somente rir do fraco, não do forte? Pois há pelo menos dois tipos de humor, o que reitera a discriminação e o que faz troça das potestades. Existe um riso subversivo, revolucionário, aquele ao qual Umberto Eco dedica *O nome da rosa*, aquele que Robespierre temia, em seus opositores.[11] Por que não rir do poder, em vez de zombar da impotência?

11. A esse respeito, ver meu "O entusiasmo, o teatro e a revolução", in Adauto Novaes (org.), *Tempo e história*, 1992, pp. 309-28.

3. A IDENTIDADE PELA DOR

Ainda algumas páginas são necessárias para tratar do PC, uma espécie de epílogo, de posfácio, que baixe a temperatura deste artigo, que reduza seu tom indignado — não porque a indignação seja descabida, e sim, apenas, porque há outras coisas a dizer. Um final brechtiano, que nos distancie do entusiasmo ou pelo menos das paixões que nas páginas anteriores andamos suscitando. O problema nas políticas ligadas ao PC, conforme acima esbocei, é que elas não pensam a sociedade, mas grupos sociais. Sua teoria social não vai além de uma microssociologia. É também uma teoria *política* bastante elementar do conflito de grupos sociais. Já ouvi uma líder feminista dizer que defendia os interesses das mulheres; os homens, que defendessem os seus. Uma perspectiva dessas, é claro, enfraquece idéias como a de direito, por exemplo. Reforça a idéia de leis particulares para tal ou qual grupo (como reza a etimologia da palavra *privilégio*: lei privada). Pensa os conflitos sociais como simples expressão da *força* relativa de cada grupo. Perde, com isso, o que a cultura ocidental produziu de melhor, como a idéia de direito enquanto oposto à força.[12]

Contudo, isto que acabamos de dizer pode ser entendido como uma série de variações em torno de uma temática só, a da perda do sentido do universal mediante a exacerbação dos particularismos. Não é o caso, aqui; não parece cabível — depois das críticas que desde meados do século XX mostraram como o universal foi com freqüência o *travesti* de um particularismo vitorioso, o ocidental, capitalista e cristão — continuar proclamando seus méritos, sem qualquer ressalva ou nuança.

12. Ver Rousseau, "Do direito do mais forte", no cap. III do livro I do *Contrato social*. Edição brasileira, pp. 59-60, edição francesa, pp. 44-5.

Nossos argumentos vão por outro rumo. São basicamente dois. O primeiro é o da perda, não do universal, mas do espaço público ou comum. Há uma diferença. O espaço comum ou público é de constituição datada, histórica, precária. Pode existir, ou desfazer-se. Não existe como idéia platônica, antes de sua realização empírica: só existe quando se realiza. Pois, se o social se pulveriza em grupos que foram perseguidos e hoje querem ser compensados, reduzem-se em muito as possibilidades de que as diferenças se defrontem e produzam um espaço público. Porque o problema, nas reivindicações de grupos, é que estes acentuam a homogeneidade de seus membros, até conceber que somente seja possível a relação social entre clones. Aquele que participa de grupos particularmente suscetíveis à perseguição acaba perdendo toda a sua diferença em face dos companheiros; com isso, deixa de haver intercurso social, para somente sobrar uma interminável remissão ao eu, ao ego.[13]

O segundo argumento retoma a tese sobre os *lobbies*. Dizia acima que a sociologia pressuposta pelo PC é uma microssociologia que não vai adiante dos conflitos de grupos sociais, que não admite o espaço público nem o alcance do direito — o qual é sempre, por princípio, universalizável. (Isso não contradiz nossa crítica ao universal. Uma coisa — discutível — é pressupor a existência de um universal, o qual apenas deciframos. Outra coisa — legítima — é ter por meta de nossa ação *universalizar* direitos.) A teoria política do PC é, portanto, a redução de toda ação política à dos *lobbies*, ou seja, à promoção de interesses privados com escassa justificação. O problema do lobismo é que ele é *redundante*, em termos do discurso com o qual procura embasar o que pede, reivindica ou exige. Seu argumento, o modo como lê

13. Daí a idéia da cultura de nosso tempo como narcisista: ver, por exemplo, as obras de Christopher Lasch.

a história ou as relações sociais enquanto relações de poder, é — assim se poderia resumi-lo — que "quem tem poder, hoje, é porque teve força para exigi-lo; portanto, juntemo-nos, tenhamos força, ganhemos poder". Isso significa que o lobismo PC faz suas demandas porque as faz. Quer porque quer. Reitera, repete, insiste. Não inova, não muda.

Pois uma demanda se mostra mais forte — numa sociedade complexa — quando consegue expressar-se numa linguagem que outros setores da sociedade entendam e possam aceitar. Quando ela é vazada, porém, em propósitos que só valem para um grupo fica relativamente fraca, pelo menos quanto à possível persuasão dos outros, e por isso se torna relativamente aprisionada. Convence quem está convencido, persuade os já conversos. Daí, sua debilidade discursiva. A força de um discurso está em ele se estender e estirar, em lançar velas ao vento, em deixar a cabotagem para se aventurar no perigoso mar oceano.

Ora, essa dificuldade de sair de si, essa exigência de compensar os danos sofridos, essa solidariedade intensificada com quem eu elejo como igual a mim mesmo, como meu quase-clone (as mulheres se eu me disser mulher, os homossexuais se me afirmar um deles, enfim, o grupo no qual finque minhas amarras), é o que poderíamos chamar uma *política do ego*. Construo, de todos os possíveis que me compõem, uma identidade baseada num só deles. E prendo-me, insistentemente, a esse modelo, que aqui, num sentido talvez mais junguiano que freudiano — porque um tanto pejorativo —, chamo de *ego*. Em especial, prendo-me a tudo o que nessa identidade significa dor, sofrimento. Não abro mão de nada que me possa fazer sofrer. Parece estranho esse ponto, mas ele é essencial, decisivo. Não é assim que se conduzem os grupos que não admitem que deles se ria? que esmiúçam, com extraordinário masoquismo, toda lembrança que os possa ferir? Muitos investigam as palavras, os gestos, os desenhos, para ver se algo neles porta a memória de um sofrimento antigo infligido a alguém de seu grupo — e com isso só conseguem uma coisa, sofrer por procuração, sofrer em escala ampliada, desmesurada.

Porque, em última análise, temos aqui o problema de uma *política da identidade.* Uma política só pode ser libertadora se ela for capaz, também, de *nos libertar da identidade.* Sem querer condenar demais as identidades, que em branda medida são úteis e até necessárias à vida, ao agir,[14] o fato é que temos padecido mais de seu excesso que de sua falta. As políticas dos *lobbies* — e entre elas as dos movimentos sociais concebidos ao modo norte-americano — enfatizam em demasia as identidades. E estas, em última análise, só podem assentar-se na dor. Toda identificação excessiva a si mesmo supõe, enfim, uma intensificação quase insuportável das dores, uma disposição a não esquecer nada; e penso que seria mais que tempo de substituir aquela frase cruel — "posso perdoar, mas não esquecer"[15] — por outra, quase cômica, porque expressa uma impossibilidade — "posso esquecer, mas não perdoar". Porque, se esqueço, nem tenho mais como, ou por que, ou para que perdoar... Só o esquecimento, de

14. A ênfase no papel positivo da identidade foi observada por Paula Montero, que insistiu no modo como ela produz, hoje, ação no mundo. Eu, porém, não aceitaria essa nota sem muitas reticências: a identidade mais sobra do que falta, hoje, na vida social. O ódio é mais fruto da exacerbação identitária do que de sua ausência. Identidades, para contribuírem em favor de uma vida democrática, precisam ser pelo menos um pouco fluidas, um tanto lábeis — em suma, abrir-se a alguma perturbação.

15. Um caso interessante em que ela ocorre foi entre Chopin e Liszt, na Paris do século XIX. Chopin viaja, e deixa a chave de seu apartamento com o amigo. Liszt leva para lá uma namorada. De regresso de viagem, Chopin fica sabendo do caso e sente-se magoado — sobretudo porque tudo ocorrera em frente ao retrato de sua mãe. Liszt pede-lhe desculpas, e o compositor do *pathos* lhe responde que pode perdoar, mas não esquecer.

fato, põe fim à dor; ou então, melhor ainda, o riso: o que é brilhante no filme *A vida é bela*, de Roberto Benigni, embora tenha passado — esse aspecto — em silêncio, é que ele torna o nazismo *ridículo*. Aí, sim, tem lugar o humor, e mesmo em sua chave mais desmedida, a da gargalhada. Talvez a opressão somente seja varrida do mundo quando ninguém mais a levar a sério, quando dela todos rirem. Mas, para isso, é preciso ir além do paroquialismo, além da dor. Não penso que a insistência em apenas uma dimensão da vida — e naquela que nos *dói* mais, como a do judeu que jamais esquece Auschwitz — ajude a construir uma experiência social que permita a novidade. Para inovar, é preciso ir além do sofrimento.

Iracema ou A fundação do Brasil[1]

Para minha tia Iracema Ribeiro

Iracema, ao que consta, é nome de sonoridade indígena inventado por José de Alencar e que constitui anagrama de América. Temos assim o nosso mais destacado escritor romântico rodeando a identidade do continente, até chegar a uma palavra, a uma denominação, que teria enorme e fecundo destino: o de marcar — e legitimar — o encontro que deu início a nossa nacionalidade. Desde já adianto que o objetivo deste artigo é ressaltar um ponto que me parece ter recebido atenção menor que a merecida, até hoje: o fato de que o sacrifício de Iracema e o luto — nosso, de seus leitores — por ela *legitimam* a ocupação da terra pelo invasor. O romance assim, embora tenha por título o nome da virgem dos lábios de mel, funda, no absoluto de seu amor, a invasão e a conquista da América.

1. Este artigo é versão modificada do que apareceu em Marcos Cézar de Freitas (org.), *Historiografia brasileira em perspectiva*, São Paulo, Contexto, 1998, pp. 405-13 (notas à p. 476). Agradeço os comentários de Heloisa Starling, José Murilo de Carvalho, Marilena Chaui e Wander Melo Miranda.

Desloca-se assim o eixo da história do amor de dois jovens para um quadro mais amplo: o que Martim Soares Moreno efetua é, possuindo, desvirginando, engravidando e em última análise levando à morte a moça, possuir, desvirginar, engravidar e conquistar sua outra identidade, o continente da América. Fique porém claro, nesta leitura de *Iracema*, que não pretendo reduzir as riquezas do livro ao papel que cumpre na referida legitimação: basta lembrar a importância da linguagem, em que Alencar acertada e pioneiramente valoriza fatores de tradição não-européia, como a parataxe, as metáforas e figuras de modo geral, ao mesmo tempo que, pelo tema, realça uma identidade igualmente americana, à qual dedica pesquisa que não se pode desdenhar.

Conhece-se a polêmica que opôs Joaquim Nabuco, então jovem escritor, a Alencar, já consagrado no *métier*. Dela, basta-me uma palavra: que um dia de 1875 o pernambucano desdenhasse "a Norma tupi", como se refere à personagem-título de *Iracema* (1865).[2] A alusão à *Norma* de Bellini não estranha, menos ainda sua presença no horizonte alencariano. Não se trata apenas de uma ópera importante, que até mesmo marca, no começo do Segundo Reinado, a volta à regularidade da *saison* lírica, suspensa sob a Regência. Além disso, outra obra de Alencar, *Senhora* (1875), tem num de seus primeiros capítulos a

2. *A polêmica Alencar-Nabuco*, com apresentação de Afrânio Coutinho, Rio de Janeiro, Edições Tempo Brasileiro, 1965, p. 187. O texto de Nabuco saiu n'*O Globo*, na coluna "Aos domingos", em 14 de novembro de 1875. Utilizo-o estritamente para mostrar que aos olhos do leitor culto era conhecida a aproximação entre a personagem do nosso talvez maior romance indianista e a da ópera de Bellini; o restante da crítica de Nabuco (por sinal, bastante mais explícito a respeito de outras obras de Alencar do que a propósito de *Iracema*) não é pertinente aqui.

furiosa execução ao piano, pela personagem-título, Aurélia Camargo, da "sublime imprecação de Norma, quando rugindo ciúme, fulmina a perfídia de Polião".[3] Acompanha ela a música pela letra, num "acesso sentimental" em que expressa toda "a ferocidade da mulher enganada", a "sanha da leoa ferida" (Primeira Parte, cap. 2). É a indignação de Norma, suma-sacerdotisa gaulesa, depois de saber do procônsul romano da Gália, Pollione — seu amante em segredo desde vários anos —, que ele está apaixonado por outra sacerdotisa, Adalgisa. O romano somente voltará a sentir amor por Norma no final da ópera — e será um amor de admiração mas, sobretudo, de sacrifício. Cumpre retomar a ópera para expô-lo.

A *Norma* (1831) claramente encena, numa suposta rebelião gaulesa contra a tutela romana na Antigüidade, a desejada libertação dos italianos em face das potências estrangeiras — no caso, certamente a Áustria — que lhes vedam a independência e a unidade nacional. Como é de praxe em boa parte das óperas italianas do século XIX, ao posicionamento progressista nas grandes questões sociais ou nacionais se opõe um lastro, geralmente ocultado, que é de natureza mais propriamente pessoal, e serve de enorme peso — inconsciente, já que até então ignorado — contra aquela tomada de partido em favor do que podemos chamar do "bem" ou, pelo menos, da justiça e do progresso. Esse modelo aparece, para citarmos apenas algumas óperas, nas *Vespri siciliani* e no *Trovatore* de Verdi; poder-se-ia argumentar que a *Traviata* procede do mesmo modo. Assim, um recorte se delineia inicialmente, a opor as causas progressistas (a pátria liber-

3. Lembremos que Alencar, como observa no pós-escrito à segunda edição de *Iracema*, tem idéias muito pessoais a respeito da grafia e, como se vê na passagem citada de *Senhora*, da pontuação e, em especial, da colocação de vírgulas.

tada, seja ela a Gália, a Sicília ou qualquer outra; a defesa dos pobres; a união dos amantes) ao que existe de mais retrógrado (a ditadura, a opressão, a usurpação políticas — mas também a repressão ao sentimento amoroso autêntico).

Contudo, a dramaticidade não procederá do conflito *externo* entre progressistas e reacionários, mas da irrupção, no âmago mesmo da causa revolucionária mais avançada, de um elemento pessoal marcado por um acumpliciamento secreto, arcaico e culpável com o inimigo. Dessa forma, o herói libertador dos sicilianos nas *Vespri* é na verdade filho ilegítimo do governador francês, o trovador na ópera homônima é o irmão perdido de seu próprio perseguidor — e aqui, na *Norma*, a sacerdotisa suprema dos gauleses é amante do chefe romano. É isso o que dilacera a alma, tanto do ator-cantor como do espectador-ouvinte, e confere a essas óperas seu caráter trágico.

Poderia prosseguir esta análise, e espero fazê-lo no futuro. Parece-me particularmente interessante o modo como parte da ópera italiana assim destila os limites da ação revolucionária: o fato de ancorar-se, esta última, em vidas presas exatamente ao que se quer destruir. O anseio de fazer do mundo um lugar honesto, limpo, direito choca-se assim com os segredos profundos da vida, em especial aqueles que dizem respeito ao nascimento (de quem se é filho, de quem irmão). Essa parte de nossa vida, que não escolhemos e que se revela secreta, ocultada, obviamente refere o inconsciente — aquilo que não apenas desconhecemos, mas que *não podemos* conhecer, que está barrado à nossa consciência, mas que, quanto mais barrado for, mais nos condicionará. Por isso, o que a ópera diz são os limites postos pelo inconsciente — entendido como um peso, porém não de ordem cultural, humana e apenas humana, mas como uma natureza (dado que alude basicamente a segredos que rodeiam algum *nascer*), como *sangue, terra, atavismo* — à ação decidida, consciente, luminosa que nos propomos encetar. As grandes causas do Iluminismo e da Revolução Francesa, aquelas que o que há de melhor no século XIX se esmera em realizar, assim encontram seu momento de verdade: ao procurarem fazer-se carne, ao tentar-se a realização dos ideais, deparam-se com séculos ou milênios de experiência oposta (figurada, aliás, pelo que é *natural*, pelo que está preso ao nascimento, ao *sangue* — portanto, ao que é imutável ou quase). A ópera — e sua tragicidade, porque a ópera *é* sua tragicidade — está nessa terrível fronteira, em que o passado bloqueia o futuro ou, pior, o atávico barra o advento da luz.

Norma, porém, não é tão pessimista — se assim podemos dizer, de uma ópera que termina com os amantes engolidos pelas chamas! — quanto as obras que mencionei de Verdi. O que limita a ação revolucionária não é, aqui, o sangue, o atavismo: mas o amor. E se este traga na sua voragem os amantes, não barra a ação propriamente dita; mais, até: se os enamorados sucumbem, sua herança — os filhos — permanece e assume a identidade do povo rebelado, já que serão criados pelo avô gaulês. A ligação entre os dois povos, ou melhor, entre a mulher, ventre fecundo, que representa o máximo da espiritualidade das Gálias, e o homem, amante instável retornado ao amor inicial, que detém o máximo do poder romano, é rigorosamente um amor impossível.

Mas os dois registros, aquele em que a política se trava e este em que o amor a trava ou é travado por ela, correm de certa forma autônomos. O amor não será óbice definitivo à política. Será ele que se sacrificará a ela e, desse modo, a permitirá. E assim, se pensarmos em termos de afeições privadas e de ações públicas, o particular não terá o condão de destroçar o que diz respeito a todos. Aliás, também o líder rebelde das *Vespri*, o trovador e seu irmão da outra ópera de Verdi cumprem seus destinos trágicos — isto é, o fado que os destitui de sua dimensão pública libertadora para atá-los a sua condição rigorosamente privada — mas sem, com isso, aniquilarem o espaço própria e legitimamente público.

Inteiramente distinta é a situação em *Iracema*. É verdade que, como Norma, sua inspiradora, ela detém um saber espiritual, aquele que institui um equilíbrio dos elementos na terra em que vive: filha do Pajé, freqüenta ela o bosque sagrado, guarda o licor secreto dos índios, o vinho de Tupã. Também como Norma, apaixona-se pelo invasor, por aquele que seria o inimigo de sua raça. Mas já então constatamos que, ao contrário dos gauleses, os nativos se dividem — em tribos distintas e, no seio do mesmo povo, em convicções opostas. Não há uma unidade indígena, brasilíndia, em guerra com os portugueses — aos tabajaras, aliados dos franceses, se opõem os pitiguaras, que acolhem, Poti à frente, os ibéricos. Os portugueses não são conquistadores como eram os romanos: o inimigo, o outro. São uma raiz nossa, dos brasileiros.

O propósito de Alencar está em encontrar nossas raízes, descartando o que delas escapa, mas sem pôr em xeque um povo ou outro. Com isso, reduz a parte que se dava aos portugueses (basta ler, no Pós-Escrito à segunda edição, as páginas sagazes em que contesta o primado da gramática e do léxico lusitanos), mas sem jamais lhes negar a legitimidade. Buscar as raízes é, para Alencar, pluralizar a origem, assumindo o elemento ameríndio; porém, já pelo projeto, isso implica não repudiar a invasão do continente. O projeto das raízes e da identidade, aliás, constitui por si só um significativo contraste com Bellini. O italiano não pergunta pelas raízes de seu povo, ou porque não descende, ele, dos gauleses ou dos galo-romanos, ou porque o problema de se forjar uma unidade italiana não passa, então, por aí. *Norma* tece, com seu tempo, uma relação que podemos dizer *analógica*: a luta gaulesa de libertação nacional serve de *exemplum* às lutas italianas pela liberdade e unidade nacionais. O tempo passado é inspiração para a ação política contemporânea.

Já em nosso país, o tempo inicial serve para *instituir* a *nação*, mais que para inspirar a *ação*. O que Alencar pergunta é como nasceu um povo *mestiço*, apelando, no caso, para os dois elementos raciais nobres, o descobridor português e o guerreiro nativo (está fora de cena o terceiro elemento, o que veio à força, o que acatou o eito: o negro, escravo e por isso despojado da nobreza na qual se entendem as duas outras raças, inimigas, mas cuja dor se pode alçar, pela grandeza mesma a que chegaram, à dimensão trágica).

A busca das raízes obedece a interesses e anseios nitidamente distintos daqueles que presidem à caça do exemplo inspirador. Se neste caso o que se quer é a ação, que transforma o mundo, naquele se pergunta pela identidade, que nos faz encontrar o que somos.[4] O risco é grande, pois — e o leitor terá notado que o presente livro pertence ao gênero, que hoje cresce, de obras que buscam retraçar as nossas falhas, os nossos problemas —, o risco

4. "... Pode-se imaginar", afirma Doris Sommer a propósito desse romance e d'*O Guarani*, "que foi precisamente a aparente falta de acontecimentos (*uneventfulness*) da história [do Brasil], sua preferência pelo pragmatismo sobre a glória, que a tornou de pouco apelo, se não até mesmo embaraçosa, para escritores românticos como Alencar. A história nacional pode ter sido lida, por eles, como uma série de não-acontecimentos, e talvez como uma série de decididas perdas. [...] Noto que lutas frustradas, que nem tiveram êxito nem desembocaram em revoluções de larga escala, podem ter empalidecido, como material para fundar a ficção, em face do colorido indígena. *O que o Brasil não tinha em glória, compensaria em amor.*" (*Foundational Fictions: The National Romances of Latin America*, Berkeley, University of California Press, 1991, p. 166, grifo meu). Essa observação complementa a nossa: na falta da glória, haverá amor, comenta Sommer; na falta da história, entendemos, caberá à natureza, ou seja, à mulher, portadora do amor, constituir uma identidade que não tem como passar pela história enquanto mudança social, enquanto constituição de um País independente.

é grande de se chegar a uma legitimação do *statu quo*, em vez de se problematizar o que existe. A legitimidade é, em última análise, um dos traços quase essenciais de todo pensamento voltado para as raízes; e aí está seu problema, pois, com raras exceções (a da legitimação pelo povo), o pensamento da legitimidade é conservador — como tão bem se vê na mais importante doutrina que levou o seu nome, o legitimismo dos nostálgicos franceses da dinastia Bourbon na década de 1830.

Ora, como ocorre essa legitimação? A diferença entre as duas obras, a ópera italiana e a "lenda do Ceará", aqui é nítida. Em Bellini, como vimos, não ocorre legitimação; ao contrário, quando termina o canto o que se espera é que o invasor seja repelido. Sabemos, porque conhecemos a história, que os gauleses *não* vencem os romanos. Contudo, não tem nenhuma importância esse fracasso da história que continuaria a ocorrer no palco, uma vez baixadas as cortinas, porque o que conta mesmo é o possível, almejado, provável sucesso revolucionário, também uma vez descidas as cortinas, mas que ocorrerá com a platéia, quando esta deixar o teatro e deixar de ser platéia, indo para as ruas libertar a Itália. O efeito emocional da ópera resulta em ação rebelde, que, mirando-se numa identidade alegorizada, constrói a liberdade como unidade nacional. A ópera ativa ou recicla uma história antiga, de quase dois mil anos, em presente imediato, em espelho motor da ação. Já em *Iracema*, não há espelho nem presente; a narrativa remete ao passado, ao nascimento; há, sim, genealogia. O legado ao leitor não é a ação, mas o pranto pela doce figura que abriu, ao europeu, seu corpo, isto é, o corpo da América. Voltaremos, adiante, a esse tema do luto inicial, inaugural do continente.

A índia tem os traços que habitualmente se conferem à mulher, no pensamento que distingue os valores conforme os sexos (ou gêneros): é fecunda, é espontânea, é verdadeira, é doce.

Finalmente, o homem é mais ação, e ela, passividade ou paixão; ele é intelecto, e ela, emoção; ele é, em termos aristotélicos constatados na gestação, mais forma e ela, matéria; ele é razão, e ela, espiritualidade. Um espírito que gesta, uma matéria que se alça aos céus — eis, desde que o culto mariano se apossou dos cristãos, o paradoxo fundante da mulher. Não é pouco, então, que Iracema detenha os segredos, o sacerdócio. O que faz o português, conquistando-a, é pois tomar a alma mesma do mundo ameríndio. Para ter os homens, era necessário começar pela mulher.[5] Para apossar-se da terra, era preciso primeiro alcançar a alma.

Ainda, se somarmos a estas considerações um certo conhecimento da doutrina da honra — especialmente na Europa do Sul, incluindo pois Portugal —, lembraremos que a mulher constitui a via preferencial de toda conquista: é esse elo mais fraco dos machos que mais os fere e machuca quando nele se vêem atingidos.

Mas com certeza o principal, numa história e noutra, é o desenlace. Desde o início, *Norma* está marcada pela tragédia. Ou porque se sinta dilacerada entre o destino da pátria e o amor que a une ao inimigo da raça, ou porque a dor do abandono a fira profundamente, o *pathos* jamais abandona a personagem que dá nome à ópera. São dois conflitos, distintos, que a vitimam. O primeiro é o que se tornará quase podemos dizer habitual, com

5. Silviano Santiago, em sua edição comentada de *Iracema*, observa, vinculando a mulher à natureza: "Repare-se que, quase sempre, é o homem que empresta características humanas à natureza (antropomorfismo), mas é a natureza que serve para pintar Iracema" (p. 15, nota 10). E nota ainda: "Lendo Iracema como anagrama de América, devemos acrescentar que é comum, dentro da literatura brasileira, desde os primórdios, a representação da terra brasileira (ou americana) por figuras femininas, enquanto o colonizador é sempre masculino" (p. 17, nota 13). Corroborando-o, o português Martim seria derivação do deus Marte (p. 8, nota 16).

Verdi. É o que divide o herói das *Vespri siciliani*, ou que marca os irmãos inimigos do *Trovatore*. Há razões dramáticas para a este conflito se sobrepor outro. Se tivéssemos apenas este primeiro, que rasga o coração entre o amor da pátria e o amor ao homem, uma saída se tornaria difícil. É porque a ele se une outro conflito — o do ciúme — que Norma pode, mostrando-se de uma nobreza absolutamente desinteressada e sem mais esperanças de retomar o amor perdido (ela poupa a rival a quem poderia matar, ao mesmo tempo que se condena à morte), recuperar aquilo com que já não contava mais — o amor de Pollione. "Renasce, amor, mais veemente ainda", proclamará ele enquanto se encaminha, com a amada, para a pira fatal. Esse destino assinala, com toda a clareza, que no choque entre o amor pessoal e a pátria não há saída, senão a morte. Quando muito, conseguirá Norma que seus filhos sobrevivam. Ela e Pollione terão posteridade, mas matrilinear, matrilocal, e não segundo a linhagem e a residência do pai. Tudo indica que seus filhos serão gauleses, que provavelmente esquecerão o gene romano.

Nada mais oposto ao final de *Iracema*. Morre, somente, a mulher. Ela e Martim sofriam internamente: ela, por haver traído a tribo; ele, em parte por pruridos de unir-se a uma mulher sem os sacramentos cristãos (para resistir ao sexo com Iracema invoca Deus, Cristo), mas, sobretudo, por saudades da Europa e, possivelmente, dos afetos castos da virgem loura, sua noiva portuguesa, a contrastar com os amores ardentes da virgem tabajara. Talvez a passagem mais bela do romance seja o momento em que Iracema, sentindo ter-lhe perdido o amor, analisa os sentimentos dele pela natureza e pelas cores:

> — Quando tu passas no tabuleiro, teus olhos fogem do fruto do jenipapo e buscam a flor do espinheiro; a fruta é saborosa, mas tem a cor dos tabajaras, a flor tem a alvura das faces da virgem

branca. Se cantam as aves, teu ouvido não gosta já de escutar o canto mavioso da graúna, mas tua alma se abre para o grito do japim, porque ele tem as penas douradas como os cabelos daquela que tu amas! (cap. XXVIII).

São bem distintos os dois sofrimentos, embora ambos remetam a questões de identidade. Para Martim, esta se funda provavelmente na religião (veja-se a importância, no final, da vinda do padre e do batismo aceito por Poti,[6] o duplo civilizável do indomável e intratável tabajara, ou seja, de Irapuã ou Mel-Redondo), como também na evocação das cores européias e dos povos de seu afeto, portugueses e aliados. Mas a identidade é problema que pouco se coloca para Martim, quer porque o foco a partir do qual se narra a história é mais o de Iracema, quer porque o problema da identidade é, exatamente, o dela. Iracema é uma traidora. Renegou os votos que a prendiam, pela virgindade, ao deus, e que a tornavam uma vestal tupi, portadora da sobrevivência e do sucesso de seu povo. Opôs-se a seu povo, indo viver com quem armava a sua dominação. Mas ela está plenamente consciente de seu destino trágico. Dos sacrifícios que se impôs pela veemência do amor — veemência que a leva, no capítulo XV, a tomar a iniciativa de entregar-se a Martim, que, embora muito a desejasse, relutava por escrúpulos em relação a seu hospedeiro, o Pajé, pai dela —, Iracema tem perfeita noção e jamais os cobrará de seu esposo, sabendo, desde quase o começo, que ela tem por destino morrer logo.

6. Silviano Santiago contrasta a cerimônia pela qual Martim se tornara "coatiabo" de Poti, isto é, como que seu irmão de armas, no cap. XXIV, e aquela que, no cap. XXXIII (e final), converte Poti em cristão. A primeira não afeta de forma alguma a Martim, que não usa o novo nome nem segue nenhum costume indígena — ao passo que a segunda, efetivamente, metamorfoseia o índio (*Iracema*, p. 46, nota 55, e p. 57, nota 71).

Essa morte, porém, não é apenas sua, é a de seu povo, a de sua identidade. De todo modo, para essas dores desiguais a saída estará em morrer o elo mais fraco. Iracema não pode suportar a situação de constituir-se como elemento terminal de sua tribo. Sua personagem estará fadada, aliás, a longa posteridade; um de seus descendentes mais próximos de nós é provavelmente o índio de *Brincando nos campos do Senhor*[7] que, mau grado seu, serve de veículo para a destruição de toda a sua comunidade, por meio de um simples resfriado, fruto ainda por cima de um beijo casto e apaixonado.

Detenhamo-nos, por um momento, nessa obra mais recente. O que chama a atenção, em *Brincando*, é antes de mais nada a gratuidade da morte, a facilidade com que o branco traz o extermínio aos índios. Porque se trata de uma doença das mais banais, que não mata ninguém no mundo branco: o resfriado. Porque sua transmissão é das mais belas e até mesmo inocentes: um beijo — é verdade que entre pessoas que não deveriam beijar-se e estão nuas, mas ainda assim um beijo sem continuidade, que não resulta em ato sexual. E, enfim, porque a morte vem sem dolo, mais que isso, sem vontade e sobretudo *contra a vontade* dos que a trazem, que, missionários ou não, desejam para o outro o que consideram ser o bem. Amor, morte: o enamorado extermina sua tribo.

Iracema não é, porém — dizê-lo até soa desnecessário —, uma obra de tal alcance filosófico. Se *Brincando* quer mostrar o caráter vão de tantos propósitos, mesmo inocentes, bem como a futilidade com que a morte — e mesmo a morte de uma cultura, de um povo — zomba de nossos intuitos, o objetivo de Alencar ao escrever *Iracema* é, mais propriamente, "construtivo".

7. Filme de Hector Babenco, inspirado em livro de mesmo nome, de Peter Matthiessen.

Longe de negar a obra do civilizado nos Trópicos, ou de assinalar-lhe o caráter duvidoso, ele aposta nela. Ao indígena cabe um papel, mas desde que saiba reconhecer e aceitar seu caráter subalterno: é o que Poti cumprirá. A busca das raízes aqui se inscreve. Isso não impede, contudo, que no caso extremo do encontro das culturas — a fundação do Ceará, a do Brasil — o compromisso entre o português e a índia somente se possa saldar pela morte dela, figurando a morte dos tabajaras. E é essa morte que, coincidindo com o nascimento de Moacir, o "filho do sofrimento", legitima a ocupação do solo pelo europeu.

Prometi voltar à questão do luto. O que é fundar-se, um país ou uma província, na morte pranteada de um herói (ou heroína) quase epônimo? Esta pergunta, aliás, se desdobra em outras. Comecemos pela final. Iracema será uma heroína epônima? Epônimo é quem dá a um país ou povo seu nome. Nesse sentido, talvez o único herói epônimo do século XX seja Ibn Saud, o fundador da Arábia Saudita. Mas essa já é uma versão mais ou menos recente de algo que tem suas bases muito no passado, de sucessivos heróis antigos que deram nomes que ficaram na tradição. Ora, o que é distintivo na nominação iracêmica é que ela é inventada. Consta tratar-se do anagrama de *América*,[8] constituído por Alencar, e que — genialidade do autor — expressa sonoridade tipicamente indígena. Temos então dois pontos. O primeiro consiste em conferir à América os traços que serão os da heroína: tudo o que se diga sobre esta valerá para aquela. Mas o segundo está em ser, esta transposição recíproca entre Iracema e América, uma invenção. Há nominações que são

8. Essa observação se deve, pela primeira vez, ao que tudo indica, a Afrânio Peixoto, já no século XX.

mais propriamente naturais. Essa não o é, ou pelo menos não o é para o leitor culto, que desde muito suspeita do caráter artificial do nome de sua heroína mais célebre.

Por que o luto fundará uma nacionalidade? E será ele um fator decisivo em nosso continente? Ocorrem alguns exemplos, que não são pouco significativos. Na década de 1950, a Argentina viveu a agonia, a morte e o embalsamamento de Eva Perón, cujos restos depois seguiram trajeto macabro.[9] Pela mesma época, o Brasil viveu a morte de Getúlio Vargas, trágica, porque suicida, como a de Evita fora trágica porque a colheu no esplendor da mocidade. Nos dois casos, tratava-se de heróis populistas, cuja enorme audiência se devia justamente a terem concorrido decisivamente para, de algum modo, integrar as classes mais miseráveis na vida urbana. Em ambas as situações, um forte elemento de transgressão estava presente. O presidente brasileiro matou-se, ato que é tabu terrível, e além do mais condenado pela Igreja Católica, àquela época senhora praticamente inconteste das consciências. A primeira-dama argentina foi tida, vezes sem conta, como quase uma prostituta, desdenhada pela hierarquia social de seu país. É significativo ainda que, poucos anos depois, o cineasta Jorge Ileli dedicasse à morte de Vargas um filme de nome *O mundo em que Getúlio viveu* (1963), mas que — a despeito do verbo em seu título — centrava todo o foco no modo como ele *morreu*. Toda a leitura da extensa era Vargas estava condensada no luto popular por ele. E esse filme, exibido entre nós em 1977, apresentava-se junto com um curta-metragem do mesmo diretor sobre Carmen Miranda, ou melhor, sobre a *morte* da pequena notável. Dois lutos eram, assim, conjugados: a nacionalidade como perda. Forçava-se, é

9. De forma mais ou menos romanceada, é esse o tema da obra de Tomás Eloy Martínez, *Santa Evita* (Companhia das Letras, 1996).

certo, a nota: a partida de Carmen Miranda para os Estados Unidos, inegavelmente uma enorme perda sentida pelos brasileiros, quase se insinuava como se tivesse ocorrido à revelia da cantora e mesmo contra seu gosto, e não por sua vontade e opção. Assinalo-o só para indicar em que larga medida sentimentos como os de perda podem ser factícios, exagerados. Constituir a nacionalidade a partir de um luto tem, pois, menos a ver com uma suposta realidade que se viu perdida do que com modos de, exacerbando uma perda, inventar uma suposta plenitude anterior.

Evidentemente, o problema de constituir-se o Brasil é diferente do de unificar-se a Itália. Num caso, evocam-se os antigos, as tradições, até mesmo uma língua, embora, na verdade, tão diversificada; no outro, o país ao mesmo tempo se "descobre" e se constitui. Nossa realidade é mais fugidia, e dela pode ser Iracema, mais uma vez, alegoria: fadada que está nossa natureza à posse pelo inimigo, à ocupação, à devastação. Nossa índia somente sobreviverá pela semente que deixa em Moacir. Mas, se retornamos à comparação com a *Norma*, em *Iracema* o pai português sobrevive, para sustentar no "primeiro cearense" a legitimidade de sua conquista — como um Pollione que saísse da ópera com os filhos, convertendo os gauleses à fé romana, enquanto a mulher ardesse sozinha na pira. E é o nascimento do filho que devolve a Martim o amor pela companheira, o que na ópera ocorria ao perceber, o homem, o sacrifício que por ele fazia a mulher ainda e sempre apaixonada.[10]

10. Uma importante análise do sacrifício, no imaginário social brasileiro, é a que José Murilo de Carvalho dedica à constituição de Tiradentes como herói nacional, após a proclamação da República. No mártir da Inconfidência, valoriza-se o santo — a ponto de adotar-se como sua representação uma imagem calcada na de Cristo — e reduz-se sua dimensão diretamente política. Ora, o papel de santo ou de mártir está baseado no sacrifício. Ver José Murilo de Car-

Mulheres apaixonadas, homens nem tanto: já que o continente, visto como natureza, é feminino, será a volubilidade masculina o que lhe dará a marca futura, à qual a fertilidade inicial servirá, simplesmente, de sustento e sustentáculo. Nossa história nasce em Martim Soares Moreno e em seu filho, o "primeiro" cearense. Iracema, a nativa, a mãe, a natureza, fica como lenda.

Alencar, perguntando pela fundação da pátria, quer volver os olhos para o momento de seu nascimento, como prenhe de um futuro. Seja o nobre Peri do *Guarani* (1857), seja a nobilíssima

---

valho, *A formação das almas. O imaginário da República no Brasil*, cap. III, "Tiradentes: um herói para a República".

O que a "lenda" de Iracema tem, e Tiradentes não — além, claro, do sexo feminino, com todas as conotações que este porta (mãe, afeto, dedicação) —, é a tópica do *luto*. Mártir, diria eu, é aquele que *precisa* morrer; a sua perda é necessária, e é ela que o alça a sua grandeza. Já uma jovem mãe morta é aquela que *não* deveria ter morrido, e cuja perda, em vez de ser constitutiva de uma memória positiva (a emulação dos vivos pela fé), é irremediável. O filho que ela não criou sempre sentirá a sua falta: uma falha original, gigantesca, que nada preencherá. A morte de um herói inspira; a de uma mãe moça amputa.

Aqui, aliás, está uma diferença significativa também entre Iracema e Norma. Esta última tem algo da heroína nacional, gaulesa ou italiana: pela morte política se redime da traição privada que cometeu, amando o inimigo. (Mas o amor genuíno, sentimento sem tacha, nunca constitui completa traição: é perdoável.) De Iracema, porém, não se pode dizer que sua morte seja política — não, certamente, no mesmo sentido de Norma —, até porque essa morte legitima a conquista, em vez de pôr-lhe fim: seu destino apela muito mais a nossas emoções pessoais do que a nossos sentimentos políticos. Ocorre nela, como em geral na nossa cultura, uma despolitização da personagem, que contudo é compensada à medida que se intensifica, no leitor, uma dor afetiva por sua perda. Em outras palavras, a perda — o luto a que me referia — não tem mais nenhuma compensação na ordem política ou social. É perda em estado puro. Daí que o luto obture as possibilidades de ação, ao mesmo tempo que enfatiza uma identidade nacional em que prevalece o português sobre o índio.

Iracema, sejam os fidalgos portugueses como D. Antônio ou Martim Soares Moreno, o que temos é uma origem destacada, em que avulta a *vera nobilitas*. Haverá elementos nocivos, mas que se descartam. Contudo, por nobre que seja o nativo da terra, a aproximação ou acasalamento com os do Reino não tem futuro: só se admite se tiver, por horizonte imediato, a morte. Não pairam dúvidas de que Peri e Ceci se amam; mas como o lado masculino é o indígena — e portanto, segundo concepções tão arraigadas que delas ainda não nos desvencilhamos, o encontro sexual dos dois necessariamente implicaria a subordinação da branca ao selvagem —, no *finale* do romance se destaca a perda dos dois nas águas, seu destino fatal, e não um futuro possível, o desejado acordo sexual de seus corpos — ao qual, aliás, no correr da obra nunca se vai além da alusão. Já em *Iracema* a conjunção sexual ocorre, mas para torná-la possível milita o fato de que o lado indígena esteja ocupado pela mulher. Há uma servidão voluntária desses índios, ainda que tão nobres, uma servidão pela qual se subordinam ao branco e, morrendo, abrem-lhe o território.

Dizíamos, antes, que a identidade geralmente se constrói pela dor, pelo sofrimento exacerbado. Não será este o caso, quando está em jogo fundar o Brasil, legitimar a europeização da América do Sul? Resumindo, o amor dos dois povos é fatal; se a mulher é índia, ela pare e morre, ao passo que o marido, português, herda a terra; se a mulher é branca, o amante índio e ela mesma morrem, sem terra (no meio das águas), e sem sequer haverem falado de sexo. O ameríndio morre sempre. Noé às avessas, porque sem barco, sem terra a avistar, Peri só lega uma lenda. Iracema, com a lenda, lega o Ceará a seu primeiro senhor, a seu fundador. Mas o custo disso é deixar, ao povo mestiço seu descendente, uma perda irreparável, uma dor maior que a "saudade" de que os portugueses tanto se gabam — enfim, uma identidade acentuada, mas que bloqueia ou obtura as possibilidades de agir. Isso, aliás, vale também para a imagem republicana de Tiradentes, sua constituição, com cem anos de atraso, como herói nacional, como o maior dos heróis da nacionalidade. As questões que se colocam a nosso imaginário são mais da identidade do que do fazer, da nação mais que da ação. Vivemos em luto. Somos — somos uma perda —, agimos pouco.

Em Alencar, muitas heroínas têm de morrer.[11] Só a morte expia, por exemplo, a condição pecadora de Lucíola. Difícil, pois, lidar com o feminino, sobretudo quando ele é assim perigoso: é como se, para liberar tudo o que tem de potencial, tudo o que porta de positivo, ele necessitasse ser esterilizado, privado de vida — como aquelas vacinas que fazemos de vírus mortos. Seus potenciais são de tal monta que, viva, a mulher será incontrolável. O que ela pode, para o bem e para o mal, é de tamanha envergadura que somente morrendo teremos certeza de que agirá apenas na boa direção. É preciso, pois, ao mesmo tempo que se exalta a mulher (nos títulos dos romances, ou no papel heróico que recebe), que o manejo de seus poderes fique a cargo de outra voz, de absoluta alteridade em relação a ela: a voz desse executor testamentário, a quem se chama escritor.

Seria impossível escrever *Iracema* não fosse *a posteriori*, como o relato de uma morte ("tudo passa"), de uma evocação. Imaginemos que Martim, ou ela mesma, escrevesse um diário; impossível. Acompanharíamos, a cada passo, sua vida; ora, Iracema é antes de mais nada uma morta. O luto por ela perpassa a tudo. Desde o começo, ela já morreu. A pátria não viveria, seja ela a América do anagrama ou o "Ceará" da "lenda", se não a

11. A frase que precede devo a Alfredo Bosi, na discussão de meu manuscrito no Instituto de Estudos Avançados da USP.

tivesse — em sua genealogia — já como morta. Somos, sobretudo, um legado. Sabemos lidar com os bens, o patrimônio que nos deixou (curioso que palavras como "pátria" e "patrimônio" aqui se apliquem, tratando-se de uma mulher, mais que "mátria" ou "matrimônio", que a rigor seriam mais precisas). Com o mal que dela nos ficou, a perda que tivemos, a ausência da mãe primeira, ainda não aprendemos a tratar. Ficou a dor, essa, inexpiável. A legitimidade da herança, as formas jurídicas da transmissão dos bens ou do Estado Nacional, temos meios de administrar. O mal-estar da perda, esse, escapa a nossa minguada consciência. É mais fácil ter do que ser. Para termos um país, somos órfãos. Para dominar as coisas, sentimo-nos menos. A expansão lusitana pelas terras ignotas gera um déficit em ser. O anseio de sempre se ter mais produz uma dor de sempre se ser menos. Podemos cuidar dos bens que nos deixou Iracema, não do mal que em nós ficou de sua prematura partida.

Para concluir: Iracema é uma lenda *inventada.* Diz Alencar, na carta ao dr. Jaguaribe, publicada como posfácio à primeira edição de seu livro, que pensara escrever uma biografia de Poti, ou Camarão, que seria, ao que dá a entender, o herói fundador. Tudo encaminhado (com Moreno, Irapuã e todos os mais, "aí estava o tema"), "faltava-lhe o perfume que derrama sobre as paixões do homem a alma da mulher". Faltava, pois, *tudo*, se o romance se chama *Iracema*, se a partir dela se dá a maior parte da narração, se é ela o sujeito e o grande assunto do romance. Daí que, quando Alencar se tinha definido por esse "tema", ainda fosse preciso mexer em tanta coisa. Mas basta notar que o romancista então fará a passagem dos fatos históricos, que havia elencado, para a lenda que ele criará — dos nomes masculinos que a crônica ou o relato verazes atestam, para o nome feminino que inventa. A história, na sua secura, *carecia de alma*. Era preciso introduzir a mulher. E, se a palavra *perfume* pode parecer de pouco alcance, lembremos que em certo momento é o perfume de Iracema que conduz Martim: o odor tem a ver com a sedução, com o que faz *ducere*, seguir o caminho. Se Caubi, o filho de Araquém, é "senhor do caminho",[12] é sua irmã, Iracema, quem dá a Martim as rotas que permitem ocupar o país. Sem a mulher, o homem é nada — é o que entende, romântico, Alencar. Ou, sem a lenda que legitime, não haveria como realizar uma história nacional.

Sete Praias, 1996-1997.

12. Alencar insiste neste exemplo. "Guia, chamavam os indígenas senhor do caminho, *pinguara*. A beleza da expressão selvagem em sua tradução literal e etimológica me parece bem saliente. Não diziam sabedor, embora tivessem termo próprio, *couab*, porque essa frase não exprimiria a energia de seu pensamento. O caminho no estado selvagem não existe; não é coisa de saber; faz-se na ocasião da marcha através da floresta ou do campo, e em certa direção; aquele que o tem e o dá, é realmente senhor do caminho." (Carta ao dr. Jaguaribe.)

Silviano Santiago compara a relação de Alencar com sua obra à de um pai com o filho, a quem tutela, cuidando para que não se extravie: "Esse cuidado extremo pela sorte do texto [...] resulta numa característica excepcional de Alencar: é o escritor brasileiro onde mais claro fica o desejo de sempre *cercar, cercear o caminho livre do texto*, precedendo-o e seguindo-o de prefácios e posfácios, bem como protegendo-o com notas explicativas" (p. 11, nota 5 — grifo meu).

Ora, se para Alencar a escrita sobre o Brasil se move pela necessidade de orientar, evitando a todo custo o extravio, em meio à estranheza que levaria o estrangeiro (ou o leitor) a se perder, então o papel do escritor tende a coincidir com o dos guias que aparecem nesse romance, a começar pela própria Iracema. Alencar pode assim estar no lugar de Iracema, nós, no de Martim, e nosso futuro, no de Moacir: o guia, que conhece as rotas, mas perece na empresa de ensiná-las; o aprendiz, estrangeiro na terra que deve ser sua, brasileiro alfabetizado das cidades do litoral, que ignora o verdadeiro Brasil, mas pode e deve conhecê-lo; a história futura do País, na síntese, feita de amor e de confronto, entre o mestre sacrificado e o aluno. Desse modo se forja o sentido de *missão* que uma escrita inaugural da Pátria possuiria.

O real e seu imaginário
ou O fim da esquerda iluminista

Uma das questões essenciais na doutrina econômica é a da moeda como *representação*, no caso, de riquezas. Mas a moeda também pode ter o papel de representar — ou simbolizar — conteúdos menos tangíveis, não econômicos, em especial os que constituem, por exemplo, uma nacionalidade. Esse outro caráter representativo da moeda, estreitamente ligado à sua denominação, mas que obviamente depende de sua eficácia propriamente econômica, não constitui, porém, tema da economia. Investigá-lo cabe àquelas ciências humanas que lidam com a significação das ações, o que é o caso da antropologia — ou, se deixarmos de lado a aspiração científica, para enfatizar o exame dos pressupostos e significações, o da filosofia política. Aliás, para não ficarmos na simples teoria, basta lembrar o papel que o marco alemão, moeda oficial da Alemanha Federal, desempenhou no orgulho nacional daquele país. Os alemães, tendo em sua memória do século XX a inflação talvez maior da História, identificaram sua prosperidade à capacidade de administrar uma moeda estável e invejada. Basta, por isso, assinalar o receio que muitos deles sentem, de que a substituição de sua divisa pela moeda comum européia acarrete o fim desse período áureo de sua economia e de sua vida social.

É pensando nisso — no modo como a moeda atua no imaginário dos povos — que vale a pena discutir o caráter simbólico do real, cujas cédulas foram mostradas aos brasileiros em fevereiro de 1994 (sua circulação, porém, somente começou em 1º de julho daquele ano). As páginas que se seguem[1] remeterão, talvez, à antropologia na medida em que investigam significações, porém mais certamente à filosofia, na medida em que lidam com pressupostos e implicações: mas, de todo modo, estarão tentando deslindar algo da complexa *simbólica* que foi proposta, estes meses ou anos, sobre a inflação e os modos de vencê-la. E, mais que isso, sobre a *história* brasileira e os modos de lembrá-la — ou de inventá-la.

1.

Do simbolismo da nova moeda — o real, de plural reais —, o primeiro ponto a ressaltar tem de ser o fato de que ela retoma o nome de velha moeda, o real, de plural réis. Enfatizemos sua velhice, porque mesmo nossos pais ou avós conviveram, já não com o real, mas com o mil-réis, que foi substituído em 1942, no governo de Getúlio Vargas, pelo cruzeiro. Naquela época, o real deixara, havia muito, de constituir unidade monetária ou de conta, substituído que fora por seu múltiplo, o mil-réis. Não

1. Uma primeira versão deste texto, com oitenta linhas, saiu na *Folha de S. Paulo*, em 11 de março de 1994, tão logo foram mostradas as cédulas da nova moeda. Outra versão, mais longa, porém ainda distante deste texto definitivo, apareceu na *Revista de economia política*, 16 (62), abril-junho de 1996, pp. 7-14.

deixa de ser curioso que o Brasil tenha vivido boa parte do período republicano usando, por unidade de moeda, um milhar, que ademais evocava a realeza extinta e banida.

Ora, o retorno a velhos nomes parece constituir um distintivo de nossa cultura monetária desde que, com a democratização e o governo civil, os "planos" substituíram os "pacotes" da ditadura militar. Tivemos primeiro o cruzado (1986), que já fora moeda em Portugal à época das Navegações. Voltamos, com a reforma Collor (1990), ao cruzeiro. E, em 1994, ao real — anunciado, é verdade, pelo cruzeiro real (1993).

À primeira vista ocorreria, nessa constante retomada de antigas denominações, uma *mitificação* do passado: tentar-se-ia, a cada série de fracassos, desfazer os erros recentes e propor um novo começo. Este, por constituir na verdade um retorno a um antigo nome, literalmente viria *zerar* as vicissitudes, os percalços. Os nomes antigos deteriam alguma solidez, embora de natureza a mais variada. Collor recorreu ao cruzeiro, talvez por ter nascido e crescido sob sua égide; além disso, o cruzado ficara tão associado ao governo Sarney que suprimi-lo podia parecer o modo de pôr termo a uma fase melancólica da direção dos negócios públicos. Dos dois outros nomes, cruzado e real, parece contudo mais difícil entender por que retornam.

Isso porque a retomada dos velhos nomes parece fazer-se ante uma inconsciência, se não de todos os brasileiros, pelo menos dos economistas que propõem essas denominações, que eles acreditam ser novas. Em 1986, contou-se que o nome da nova moeda fora proposto ao presidente Sarney como sendo contração de "*cruz*eiro desindex*ado*" (sic). Teria cabido ao então chefe de Estado, leigo em economia, porém culto em história, explicar a seus colaboradores economistas que o cruzado havia sido moeda portuguesa nos primeiros tempos da colonização, tendo circulado, portanto, em nosso território. Da mesma forma, em 1994, o nome "real" aparece como se constituísse novidade, tanto que nem sequer ocorreu, a quem quer que fosse, utilizar o velho plural réis.[2] É suficiente atentar para o que diziam as personagens dos folhetins televisados Globo, as primeiras a usar a nova unidade e que a pluralizaram, desde então, em reais.[3]

Esses fatos levam a duas considerações. A primeira é o possível desconhecimento de nossa história por parte daqueles que

2. Na verdade, algumas editoras, capitaneadas pela Brasiliense, no tempo de seu editor Caio Graco Prado, haviam criado, anos antes, o "real-livro", que mudava todo mês, conforme a inflação (plural: reais-livro). E veja-se adiante, na entrevista de Rubens Ricupero transcrita em nota, que o ministro da Fazenda de 1994 mostra dúvidas, quanto ao plural de "real". Mas isso foi, sempre, exceção praticada por gente culta.

3. Desde o início de 1994, os personagens da novela *Fera ferida* falavam em reais, moeda que parecia forte o bastante para se denunciar a corrupção de políticos cifrando-a em "milhares de reais" (e não em milhões ou bilhões de cruzeiros) e fazer uma conta de quitanda pela ordem de "um real e tantos centavos" (revalorizando assim a fração, então perdida, da moeda).

Os dois exemplos inaugurais do discurso sobre uma moeda até então desconhecida são interessantes. Por um lado, trata-se da compra do que é mais simples: o alimento; e ainda por cima de base natural, não industrializado. Por outro, menciona-se a corrupção dos homens que deveriam ser públicos, mas distorcem seu papel legítimo. Temos assim, conforme argumentarei ao longo deste artigo, uma oposição entre o simples e natural, por um lado, e por outro o desvio: *corrupção, aqui, ou inflação, ali, obedecem à mesma lógica daquilo que, torto, foge à ortodoxia natural.* Não deve ser por acaso que o simples se mede na unidade da nova moeda, e o corrompido em milhares: a corrupção inflaciona.

Ver também o artigo "O Brasil pela novela".

(Deve ficar claro, a propósito desse exemplo, que não entendemos de forma alguma que *uma trama* tivesse presidido à constituição das representações do real. O autor da novela apenas compreendeu muito bem qual era o universo fantasmático da nova moeda. E é esse universo, tal como se compôs nos meses de sua introdução, o que aqui nos interessa apontar. Em outra nota, adiante, discuto a questão do surgimento da nova moeda.)

propõem nossa economia.[4] Fica difícil, neste contexto, saber o que é mais significativo: a retomada dos nomes antigos — ou o *ignorar-se* que fossem, eles, antigos. Diante de dois casos concretos, o do cruzado e o do real, a velha frase tão duvidosa, segun-

4. Uma questão inevitável: em que medida foi *deliberada* a escolha dos animais, para as primeiras cédulas do real? Essa pergunta, aliás, foi-me dirigida por Peter Burke, ante uma versão anterior deste texto. A resposta é decepcionante: nada encontrei, pelo menos nos jornais diários, que sequer esboçasse um esclarecimento a respeito — sem dúvida, porque a inflação incomodava tanto, que perder o tempo discutindo como e por que os bichos foram selecionados constituiria indesejável perda de tempo.

Assim, por exemplo, no jornal *Folha de S. Paulo*, entre fevereiro e junho de 1994 — ou seja, entre o anúncio dos animais nas cédulas e a implantação da nova moeda e, com ela, a entrega ao público das novas moedas em papel e metal —, a única menção que encontrei aos bichos, afora o meu próprio artigo e a notícia que lhe deu ensejo, é uma entrevista do então ministro da Fazenda, Rubens Ricupero, bem-humorada, da qual cito a parte que nos interessa:

"Eu até começando queria mostrar a vocês a primeira apresentação, digamos oficial mesmo, da nova moeda, porque agora ela já está anunciada pelo presidente [do Banco Central], portanto agora, digamos, [é o] batismo da nova moeda. Ele trouxe uma mala toda cheia de reais — como é que será o plural de cada nota? [Veja-se que o ministro, homem culto, suscita indiretamente a possibilidade do plural *réis*.]

"Vamos começar com a mais moderada, essa aqui é um real. Olha aqui um real; para quem quiser focalizar, vamos colocar do outro lado também. É melhor assim ou dentro do livrinho? Assim é melhor. Agora, eu vou mostrar a vocês as outras. Banqueiros centrais é que sabem [alusão a Pedro Malan, então presidente do Banco Central, que estava a seu lado]. Essa é a de cinco reais. Agora, dez reais.

"Olha, eu fico particularmente satisfeito porque eu fui ministro do Meio Ambiente e vocês verão, com calma, que cada uma dessas notas tem um animal de nossa fauna. Essa de cinqüenta é a onça, já compra mais. Onça-pintada. Nosso grande felino. E finalmente os cem reais, que eu não sei se simbolicamente é um peixe, uma garoupa, está dizendo aqui o Pedro. Portanto, já tem aqui os animais todos da fauna; a de dez, eu esqueci de dizer, é uma arara. O Brasil, quando foi descoberto, chegou a ser chamado de Terra dos Papagaios. Papagaio no bom sentido. Essa aqui, acho que é uma garça. E este é um beija-flor, colibri.

do a qual os que desconhecem a história se vêem fadados a repeti-la, parece adquirir foros de verdade, pelo menos no plano ime-

---

"Um é beija-flor, cinco é uma garça, dez é uma arara, cinqüenta é a onça e cem a garoupa, sem nenhuma referência a um jogo que também é denominado pelos animais.

"As moedas [metálicas] têm aqui — você vê que isso é feito num ambiente de bom humor, porque é um grande dia, nós estamos mostrando uma moeda realmente para valer — um real, cinqüenta centavos, dez centavos, cinco, finalmente um centavo" (*Folha de S. Paulo*, 10 de maio de 1994, caderno especial Plano Real, p. A-4).

Note-se que: a apresentação do papel-moeda é feita rápida e bem-humoradamente porque o que importa é o que vem depois — ocupando mais de nove décimos da transcrição que o jornal publica da entrevista —, a saber, a discussão econômica; o caráter lúdico da fala é evidente, aludindo-se inclusive ao jogo do bicho, ainda que para contrapor a moeda que devolverá ao País a honestidade e a seriedade, e a "contravenção" (como se costuma chamar o jogo), que mede a sua desonestidade; o ministro indiretamente lembra o velho real, de plural réis; ele evoca a descoberta do Brasil e o primeiro nome do País, voltando assim — conforme argumentarei adiante — a um grau zero, a um ponto inicial: o conhecimento, que ele tem, da nossa história não o impede de propor um renascimento, um recomeço, em vez de uma continuidade; além disso, associa os animais ao Meio Ambiente, do qual tinha sido ministro, embora sem com isso se atribuir a paternidade da moeda (pelo teor de sua fala, parece que está apresentando o papel-moeda como se acabasse de dele ter conhecimento).

Por um funcionário do Banco Central, a quem perguntei em 1999, quanto à escolha dos animais — e em especial pela do peixe na nota de cem reais — fui informado de que, primeiro, dessa questão mal se tem conhecimento ou curiosidade no Banco; segundo, que somente ouviu que na nota mais graúda teria sido cogitado um tucunaré, mas — ante o desagrado de um ministro com o peixe amazônico — esse teria sido substituído pela garoupa.

Em suma: o que interessa concluir, nesta longa nota, é que a questão do único símbolo nacional a ser selecionado nas últimas décadas a quase ninguém interessou. Isso, por si só, deve causar estranheza, até porque já havia muitos trabalhos discutindo os símbolos nacionais e seu caráter de construto — por exemplo, José Murilo de Carvalho havia publicado, em 1990, seu fundamental *A formação das almas. O imaginário da República no Brasil*, em que trata a fundo do hino, da bandeira e dos heróis nacionais, ainda que não tanto da

diato — o das aparências, o dos nomes.[5] Se as denominações são retomadas na inconsciência dos que têm o poder — sempre enorme, como sabemos — de conferir nome, e se isso aconteceu duas vezes nas três, em oito anos, em que se mudou *por completo* o nome da moeda,[6] abre-se amplo espaço para discutir *por que* retornariam as mesmas palavras.

Uma segunda consideração estabelece, porém, mais distância, pelo menos entre a moeda anunciada para 1994 e aquela que

---

moeda ou dos selos postais, até porque nesses dois últimos campos a mudança introduzida com a proclamação da República foi pouco acentuada.

A conclusão quanto a esse grande desinteresse pelo símbolo na moeda só pode ser uma: a sociedade, atarantada com a inflação, desejava a todo custo uma moeda que fosse real. Um debate como o do presente artigo ia na direção contrária, porque apontava o que essa moeda teria de ilusório. Não digo isso para me expor como precursor, mas apenas — o que realmente importa — para indicar que a família de imagens escolhida teve extraordinária recepção. Se não podemos resolver, aqui, a questão de sua criação ou produção, podemos pelo menos anotar que seu sucesso veio de sua ótima recepção; e é esse encontro entre uma invenção de imagens e uma demanda das mesmas que o presente artigo estuda.

5. O que torna duvidosa essa frase é o fato de entender a história como, apenas, pedagogia. Foi assim que se pensou a história até mais ou menos o fim do século XVIII — não como uma disciplina científica, dotada de inteligibilidade própria, mas enquanto uma listagem de *exempla*, os quais era possível e mesmo necessário expor e interpretar como portadores de lições morais. Ora, a partir do momento em que um estudo científico da história se torna possível, as "lições da história" passam a constituir uma forma de abordagem de valor reduzido, inferior ao objeto histórico: mera prudência, se comparada à inteligibilidade e à cientificidade que agora é possível, na leitura do passado, apreender. Em suma, a história deixa de ser domínio da prudência para sê-lo da ciência, embora permaneça algo da velha imagem numa sua imagem ou uso quase *kitsch*.

Desenvolvi este ponto no penúltimo ensaio de *A última razão dos reis* (Companhia das Letras, 1993).

6. Não incluindo, portanto, os nomes "cruzado novo" (1988) e "cruzeiro real" (1993).

teve, outrora, a mesma grafia e som. É que real, plural réis, referia-se a el-rei de Portugal. Era um caso, como tantos, daqueles em que a moeda tem como nome o do soberano. Podem-se citar os "luíses" e "napoleões" na França, o "soberano", na Inglaterra, embora em vários desses casos o nome se dê a um determinado valor, e não à própria moeda, enquanto tal. Mas, de toda forma, o singular de réis remetia ao governante monárquico. Já real, plural reais, remete à *realidade*. A significação aqui instituída é extremamente rica, justamente por aspirar a um grau zero de conotação, à singeleza da identificação com as coisas mesmas.

O que o novo nome indica é que *a moeda pretende sair da fantasia* e ingressar no mundo das coisas como elas são. O real, moeda que representa riquezas, isto é, bens existentes na realidade, pretende ter a mesma *densidade ontológica* que seu representado. Almeja assim estabelecer uma relação de razoável transparência — tanta quanta for possível — entre si mesmo e os bens ou riquezas do país. Evidentemente, seria absurdo pretender uma identidade entre o nome e a coisa, entre a moeda e a riqueza; mas o que se quer é ao menos uma forte transparência, pela qual o significante se reforce graças às características do significado. Melhor dizendo: deseja-se — depois de anos fortemente inflacionários, em que o significante papel-moeda foi perdendo a significação de riqueza, ao se desvalorizar mais e mais a relação que o constitui com o significado — que ele proclame de novo o fato, básico, de somente significar à medida que remete a um significado.

É claro que do ponto de vista lingüístico (sendo a lingüística a disciplina que melhor explorou a relação significante/significado), ou de qualquer estudo minimamente sério da teoria da representação, essa tentativa de *identificar* o representante ao representado parece constituir uma enorme bobagem. Mas o que estamos examinando aqui não é a consistência teórica da denominação, e sim sua eficácia simbólica — que foi inegável: o real elegeu duas vezes um presidente da República, cimentou uma aliança entre o centro e a direita, privatizou as estatais, acalmou por vários anos as tensões sociais; e, para isso, sustento que seu nome teve um papel nada desprezível.

Ocultar o caráter representativo da moeda, formular uma doutrina da significação que *negava* a significação, *convertendo* o representante em representado, o signo em coisa, a moeda em riqueza, em suma, substituir uma teoria da representação por uma doutrina do ser, substituir um pensamento moderno (porque a representação, em todos os campos, marca o que é a modernidade) por uma teologia da transubstanciação — foi essa a tentativa brasileira de ter seu marco alemão. Não cabe, aqui, discutir o custo disso em divisas e em patrimônio; muitos poderão achar que valeu a pena. O que convém suscitar, como pergunta, é por que foi preciso pressupor uma doutrina tão atrevidamente ingênua para conseguir esse efeito. (E poderia acrescentar: por que as questões que aqui levanto — a começar pelo absurdo de se chamar real a uma moeda que é representação — eu não as vi suscitadas em nenhum lugar?[7] A aposta simbólica no nome do real teve êxito.)

7. O artigo que publiquei na *Folha* não despertou nenhum comentário, que eu tivesse lido. (Somente um amigo meu, conhecido historiador quase de minha idade, manifestou seu espanto ante eu ter escrito o artigo; espanto, apenas; nem aprovação nem discordância.) Dois anos depois, quando ofereci um desenvolvimento do mesmo artigo ao editor da *Revista de economia política*, Luiz Carlos Bresser Pereira, minha intenção era levantar esta discussão justamente num meio onde muitos, a começar por ele, apoiavam a coligação de governo. Também não houve discussão, que me tenha chegado ao ouvido.

Provavelmente esse silêncio se deva a duas razões. A primeira é o êxito mesmo, já observado, da aposta no real. A segunda é que a presente discussão, fortemente voltada para o simbólico, destoa de um certo *realismo* da profissão econômica, talvez majoritariamente avessa a este tipo, pelo menos, de especulação.

2.

Se essa ambição de identificar o nome à coisa não pareceu insensata, nem estranha, vejamos, porém, o que ela pressupôs ou implicou: que a *inflação*, para pôr termo à qual se instituía a nova moeda, fosse declarada *sinônima de fantasia*. O real terá a positividade das coisas mesmas, e assim marcará o fim da deriva inflacionária, que em última análise passa a remeter a uma gigantesca e auto-alimentada deriva da imaginação. Ao mesmo tempo que se conota o plano de estabilização pelos traços característicos da realidade, propõe-se, implicitamente (mas o caráter implícito, como o inconsciente, é, em relações humanas, fundamental), que nossa economia, na medida em que é sobredeterminada pelo fenômeno inflacionário, estaria dominada pela *irrealidade*.

Esse pode ser o pressuposto mais duvidoso no imaginário do real. Mesmo ao não-economista, soa pouco sustentável teoricamente a tese de que a inflação seja, em tão ampla medida, fenômeno de fantasia ou imaginação. É claro que ela tem um forte componente imaginário, que se nota em boa medida na sua própria inercialidade: o fato de que nos acostumamos a contar com a desvalorização do dinheiro que prometemos pagar em um ou dois meses, assim pervertendo o sentido de toda negociação a prazo, seja com cartões de crédito, seja com cheques pré-datados; ou o fato de que, ao mesmo tempo que nos irrita o aumento dos preços ou das prestações a pagar, alegra-nos a correção monetária da poupança, como se não tivessem, um e outra, íntimo nexo; ou, ainda, a reação consumista que se seguiu a cada congelamento, em boa medida fruto da pouca disposição a deixar o dinheiro ser remunerado a um ou dois por cento ao mês, taxa que, se real, é muito boa. Todos esses traços definem, é certo, um *irrealismo* de nossa postura ante a inflação. O problema, porém, aparece quando, mesmo que seja apenas *ad usum populi*, somente para o público externo e por efeito de propaganda, são elididos outros elementos essenciais do processo inflacionário, em especial os que dizem respeito aos *conflitos* nele encenados. Dizendo de outro modo: em vez de se apresentar a inflação tendo como uma, pelo menos, de suas causas os conflitos entre distintos agentes econômicos, prefere-se expô-la como fruto de uma percepção irreal das coisas. O conflito, que é real, vê-se encoberto pela acusação dirigida à fantasia.

O resultado desse deslocamento é evidente. Se a inflação for considerada fruto, ao menos em parte, de conflitos, *esses conflitos terão realidade.* Ficará evidente que há forças que militam pela inflação e/ou que têm algum interesse em sua continuidade. Não se trata de culpar pessoas específicas pela inflação, nem de recair num maniqueísmo simplório, a opor os maus, como inflacionistas, aos bons, que desejam a estabilidade da moeda — mas de indicar que a inflação tem alguma raiz naquilo que se chama "a realidade", no caso, uma sociedade feita, como todas, de conflitos. Portanto, a solução "neutra" é ilusória. Seria neutra aquela solução que simplesmente traduziria por algum indicador o que cada um estava ganhando antes de um determinado momento, e a partir daí estabilizaria os ganhos respectivos por algum tempo, o necessário para que negociações futuras se dessem em novo patamar, realista desta vez. Pois tal proposta neutra, embora idealmente desejável, correria o risco de ignorar o fato essencial de que o constante aumento dos preços não decorre de uma ilusão na mente dos agentes econômicos, porém expressa um conflito por vezes bastante áspero, e como tal deve ser tratado.

Já, se a inflação decorre de equívocos, em especial da fantasia de que subindo-se nominalmente os preços ou os salários se ganha mais, o que se pede da política econômica são medidas, ou planos, que beneficiarão a todos — ainda que de início importem sacrifícios —, sendo, portanto, neutros no começo e positivos a seguir. Dessa perspectiva, não há confronto entre distintos interesses: há apenas a vitória da razão sobre as paixões, ou das Luzes sobre desejos mal elaborados. Ou, ainda, os interesses tenderão todos, se bem administrados, a convergir, estando por enquanto tolhidos, todos ou quase, pela fantasia. Assim, entre os que usam a moeda se institui uma certa comunidade, no sentido que este termo (*Gemeinschaft*) assume na teoria social: o de um agrupamento cujos membros não estão divididos por interesses, mas de certa forma irmanados, até pelos mesmos interesses, desde que bem compreendidos.

3.

Talvez o problema teórico que aqui tenhamos seja o indício de como um *iluminismo*, ou seja, uma teoria tão *refinada* das relações humanas com o conhecimento, pode gerar uma postura assim *ingênua* no tocante ao que é a sociedade. Com efeito, a crítica das ilusões e do papel que elas têm na produção da infelicidade humana é um dos traços essenciais a nós legados pelas Luzes do século XVIII, que assim abriram espaço para que se deixasse de pensar a política segundo a repetição do Mesmo, e passasse ela a ser considerada como espaço de instituição do Novo, do Diferente.

Mas, aqui, a atividade a que chamo iluminista aparece reduzindo o sintoma mais grave de nossa economia a um mal-entendido, a algo que poderá ser suprimido a custo relativamente baixo, dado que, a rigor, não contraria interesses relevantes de ninguém. Essa possível unanimidade das medidas, esse consenso que elas podem gerar na medida em que beneficiam a todos, é o que apresenta o Brasil, na perspectiva da moeda criada em 1994, como uma comunidade, na qual todos os esforços poderão convergir (eventuais divergências seriam, portanto, fruto de ignorância ou má-fé — ou, na deliciosa expressão atribuída ao presidente Fernando Henrique Cardoso, de um "não pensar no Brasil"[8]). Por atraente que seja essa perspectiva — do conflito como resultado do equívoco, de sua superação a um custo neutro para todos, da união de todos os cidadãos em torno de uma agenda comum —, é dever de quem medita as significações ou os pressupostos alertar para seu caráter, teoricamente, falho.

4.

Daí, também, as reticências que esse discurso iluminista — apesar de terem as Luzes uma tradição progressista — suscita na esquerda, entendida em seu sentido mais amplo. Ela é avessa a toda fala que aposte na união nacional, ou na constituição de um espírito comunitário a despeito das diferenças sociais. Isto não implica que a esquerda seja ou deva ser reticente, por definição, ao diálogo ou acordo; apenas, que não pode admitir que tais operações se efetuem como se não houvesse antagonismos profundos. *Esse é um princípio teórico consubstancial à própria es-*

8. Diante de uma decisão do Supremo Tribunal Federal, concedendo a funcionários federais uma reposição salarial, o presidente teria dito, dos magistrados: "Eles não pensam no Brasil". Subentende-se que "pensar no Brasil" seria traço distintivo, não da missão presidencial em si mesma, mas do presidente da época, em contraste com os demais poderes da República — e, portanto, seria um traço da *presidência como missão.* Assim, para desatar o nó da crise, o poder executivo federal seria detentor de uma razão universal, contrastando com a desrazão dos demais poderes da República e, sobretudo, da oposição.

querda, o seu mínimo essencial, sem o qual ela deixa de ser esquerda. Negociar é possível; o que não se pode é fingir que os interesses, na sociedade, sejam convergentes. Ora, este princípio teórico parece mais adequado — do que a mítica do real — para pensar o que hoje vivemos na economia.

É claro que não seria sensato reduzir os conflitos de renda encenados na peça inflacionária ao simples roteiro dos ricos contra os pobres, dos empresários contra os assalariados, do Capital contra o Trabalho; na verdade, os conflitos conhecem inúmeras transversalidades, pelas quais, por exemplo, distintos setores empresariais competem entre si de forma até áspera. O erro da esquerda ocorre sempre que ela propõe, do conflito inflacionário, ou da própria superação da inflação por meio da nova moeda, uma representação reducionista, maniqueísta. E isso porque o essencial na postura de esquerda está em *perceber os conflitos e seu teor social.* É isso o que constitui a esquerda como esquerda, e não, nunca, uma simplificação que reduza os conflitos a um único, seus atores a um par facilitado de opostos, sua complexidade à velha cena medieval do Bem e do Mal.

A questão teórica interessante que aqui surge é a seguinte: como sucede que o discurso iluminista, em suas origens uma fala de esquerda — se remetemos às Luzes do século XVIII —, hoje justamente não apele tanto a esta família política? Não será este, em boa medida, o problema que hoje enfrentamos, na medida em que uma fratura ocorre no seio da própria esquerda, dividindo, por um lado, os que sustentam discursos e práticas de feitio iluminista, por outro, os que defendem práticas e discursos que denunciam os primeiros como enganosos, ideológicos, comprometidos com as classes dominantes? A terem razão os segundos, que afinal se mostram mais ligados às definições que costumamos ter da esquerda, os iluministas estarão hoje sendo presa da própria ideologia que tanto, sempre, denunciaram.

A questão que aqui cabe desenvolver é, por um lado, a de um possível esgotamento do iluminismo enquanto política de esquerda, de outro, a de um possível esgotamento da esquerda enquanto política do iluminismo.

Terá a esquerda cortado relações com o iluminismo? Terá o iluminismo rompido os elos que mantinha com a esquerda? Durante muito tempo, a esquerda se disse, essencialmente, *científica*.[9] Por muito tempo, a ciência e a esquerda pareceram andar juntas. Lutavam, em comum, contra a superstição e a opressão. A opressão era o braço político da ignorância. O erro, o desconhecimento eram os instrumentos por excelência das piores dominações de classe. Por isso, quem queria pôr fim à opressão celebrava o conhecimento e a ciência. Editoras comunistas publicavam clássicos do iluminismo. Essa aliança, porém, desfez-se.

Em certa medida, isto se deveu a uma valorização, pela esquerda, daquilo que a razão deixara de lado. Hannah Arendt, ao realçar o papel da invenção no tocante à ação humana, e ao criticar o modo como se quis esgotar racionalmente o sentido desta, Walter Benjamin, ao valorizar aquilo que Olgária Matos ressaltou como "os arcanos do inteiramente outro", estão entre

9. Para não insistir nas óbvias referências teóricas, vá aqui um "caso". Cláudio Hummes, então bispo de Santo André, teria dito ao líder comunista Luiz Carlos Prestes, com quem se encontrou numa manifestação contra a repressão da ditadura aos trabalhadores: "Estou aqui pelo Evangelho de Jesus Cristo"; e o velho marxista lhe teria respondido: "E eu estou aqui pela ciência". Esse é um exemplo entre muitos do papel retórico, legitimador, que a ciência exercia no discurso comunista. (Episódio cuja narrativa é atribuída ao próprio sacerdote, já arcebispo de São Paulo, pelo jornal *Folha de S. Paulo*, p. 1-4, seção "Painel", em 4 de abril de 1999.)

muitos que buscaram restabelecer aquilo que o projeto moderno da razão havia esquecido. Tanto que alguns sagazes observadores da cena intelectual chamaram a atenção para o modo como alianças se trocaram, e velhos temas da direita passaram a constituir domínio, embora certamente não exclusivo, da esquerda.[10] Mas penso que essa explicação não esgota o problema.

Pois o fato é que não apenas a esquerda se mostrou infiel a seu velho acordo com a razão, como também esta faltou ao encontro. A infidelidade se mostrou dos dois lados. Enfatiza-se muito o modo como a esquerda hoje renega a identificação que teve com uma razão positiva, às vezes positivista; mas deixa-se de lado o modo como os herdeiros do iluminismo se foram afastando da esquerda. Penso que o eixo desse estranhamento está na forma de se pensar *o conflito*. Este, do ponto de vista da esquerda, sempre teve raízes. Sempre se assentava numa positividade. Representava interesses de classe identificáveis. *Representava*, portanto. Ora, podemos melhorar a qualidade dessa representação de interesses. Podemos considerar simplista a idéia de enraizar cada tomada de posição (ou de cada discurso) numa posição ocupada (uma classe social) na sociedade. Devemos pluralizar e enriquecer esse mapa — *mas, se formos de esquerda, não temos como afirmar que o conflito proceda de um engano*, de uma ilusão, de uma má informação. O conflito não precisa estar enraizado de maneira simplista, mas sempre provirá de interesses ou posições na sociedade.[11]

Ora, é com essa convicção de base que o iluminismo rompeu. Parte razoável dos problemas sociais passa a ser entendida,

10. Ver Antônio Flávio Pierucci, "Ciladas da diferença", in *Tempo social*, 2 (2), 1990, pp. 7-34. Reimpresso in Pierucci, *Ciladas da diferença*, São Paulo, Editora 34, 1999.

11. Além dos interesses, também podem estar envolvidos desejos.

de uma posição que em larga medida retoma a linguagem ilustrada, como resultando de erros, de meros erros. Ilusão, engano, má informação, preconceito (no sentido cartesiano, e não no racial, do termo[12]) passam a servir de elementos estratégicos para se explicar o que acontece de negativo na sociedade. Todo um enorme leque de condutas passa a ser apresentado como irracional, e portanto fruto do erro, em face do qual outras posturas são as únicas racionais. O enraizamento no interesse fica, na melhor das hipóteses, frouxo. Um exemplo esclarecerá.

Todos[13] conhecemos o discurso neoliberal, favorável à privatização, ao esvaziamento do setor público. Ele é exposto como o único racional. A tese de que o Estado deva manter uma presença no setor produtivo — ou seja, ser dono de empresas — praticamente sumiu do universo da racionalidade. Quando al-

12. O sentido *cartesiano* do termo preconceito é o que aparece nas obras — o *Discurso do método* e as *Meditações metafísicas* — em que Descartes critica a educação que recebeu, eivada de preconceitos, e com a qual precisou romper para aceder à filosofia e à ciência. Preconceito, neste sentido, embora resulte em determinadas posturas morais, políticas e, em suma, relativas à ação, é essencialmente um termo relativo ao *conhecimento*. Diz respeito à ignorância e aos modos de mantê-la.

Já o sentido *racial* do termo preconceito é o que prevalece no século XX. É essencialmente um modo de estar no mundo. Refere uma discriminação contra determinados grupos — inicialmente definidos por sua etnia (ou "raça"), mas, por extensão, também por sua crença religiosa ou política, cor, origem, sexo (ou "gênero"), orientação sexual etc. Portanto, o eixo desse preconceito diz respeito à ação, e não ao conhecimento em sentido científico. É claro que tem a ver com o conhecimento, na medida em que geralmente se justifica o preconceito racial (ou assimilado) com discursos paracientíficos ou, pelo menos, com experiência de vida. (Nem uma nem outra acepção de preconceito são "puras", no sentido de uma ser só conhecimento, outra só ação: mas em cada uma delas há clara predominância de um perfil sobre outro.)

13. O exemplo que se segue critica a vulgata neoliberal, mas da mesma forma seria possível — e, se o comunismo ainda tivesse poder no mundo, *seria preciso* — criticar as versões estatais e partidárias do marxismo.

guém a defende, é um discurso irracional — e ponto. Quando muito, dá-se a esse discurso uma raiz num interesse corporativo imediato — o que, por sua vez, é um enraizamento simplista. Em poucas palavras, uma racionalidade toda se apresenta — daquelas que os frankfurtianos chamariam de "instrumental" — como capaz de promover a emancipação dos homens de seus males, mas deixando assim de ser um discurso de esquerda. Os males de que padecemos não são mais expostos como fruto da iniqüidade social. Resultam, simplesmente, de um *engano* no modo de *perceber* o mundo. O conflito é desvinculado de seu teor social. Por isso, torna-se possível imaginar roteiros de perda generalizada — ou de ganhos também generalizados.[14] E é desse modo que o iluminismo se afasta de sua conexão de esquerda. Talvez uma razão sem alguma base na sociedade não possa ser de esquerda.

5.

Se retomamos nossa análise, a pretensão de fazer a moeda coincidir com a riqueza — e a do significante fazer-se realidade — encontra, nas figuras que ornam a moeda, confirmação. As notas em reais figuram animais de nossa fauna: beija-flor, garça, arara, onça-pintada e garoupa. Recordemos que nas últimas décadas em nossas notas — e por vezes nas moedas metálicas — se alternaram três principais famílias de imagens: grandes personagens da história brasileira, tipos regionais e uma natureza basicamente animal. Isso ocorreu sobretudo depois que se esgotaram as

14. Evidentemente, só um estúpido negaria que existam situações em que todos perdem — a guerra nuclear, ou mesmo quase toda guerra, é um caso típico disso — ou em que vários ou todos ganham. Minha crítica não é a esses modelos, mas à sua aplicação a situações em que cabem mal, ou não cabem. O problema é sua extensão indevida e excessiva.

imagens alegóricas, que estiveram presentes nos primeiros decênios do cruzeiro, melhor dizendo, até o advento do cruzeiro de 1970 (ex-cruzeiro novo). Com efeito, na primeira série do cruzeiro — ainda no Estado Novo, que aproveitava cédulas do mil-réis com a superimpressão de duas rosáceas azuis com o nome da nova moeda — tínhamos alegorias,[15] ao mesmo tempo que imagens de espaços ou prédios públicos.[16] Curiosamente, se nessa série reaproveitada a alegoria não era predominante, em face das imagens de lugares públicos, ela veio contudo a crescer na segunda série, iniciada em 1943, quando ornou cinco cédulas,[17] empatando com os lugares, ostentados em outras cinco.[18]

Nas cédulas, porém, desde 1950 as alegorias e prédios públicos perderam destaque, ao mesmo tempo que se ressaltaram as *figuras históricas*. Aos poucos, contudo, a série das grandes personagens do passado brasileiro — que a despeito de seu caráter ufanista e grandiloqüente dava a medida de uma história — foi abrindo lugar para duas outras famílias de motivos, a saber, os tipos regionais e a fauna nacional. Dessas famílias, a primeira

15. Da Indústria e Comércio, na nota de cinco cruzeiros, e da Proclamação da República, na de vinte. Retomo aqui, e adiante, dados que devo ao livro de Manoel Camassa, *Catálogo de bolso: cédulas brasileiras, 'cruzeiro' e 'cruzado', 1942-1991*, Edições Camtel, 1991.

16. A saber, da Avenida Beira-Mar no Rio, na cédula de dez cruzeiros; do Flamengo, Catete e Largo do Machado, na de cem; do Palácio Monroe, na de duzentos — e do Monumento à Independência do Brasil, em São Paulo, na de cinqüenta.

17. As de dez cruzeiros (Unidade Nacional, circulando de 1943 a 1968), de vinte (Proclamação da República, nova versão: 1943-1968), de cinqüenta (Lei Áurea, 1943-1968), de cem (Cultura Nacional: 1943-1968) e de quinhentos (Abertura dos Portos: 1943-1968).

18. Vejam-se as notas de um cruzeiro (Escola Naval do Rio de Janeiro: 1944-1968), de dois (Escola Militar de Resende), de cinco (Conquista do Amazonas: 1943-1968), de duzentos (Grito do Ipiranga, quadro de Pedro Américo: 1943-1968) e de mil (Primeira Missa no Brasil, quadro de Vitor Meireles: 1943-1968).

consolida identidades regionais como sustentáculo de uma suposta identidade nacional (que deveria expressar-se, entre outros suportes, na moeda), e a segunda erige em emblema nossa natureza viva. Em outras palavras: nos três gêneros — heróis, tipos populares regionais e finalmente animais — temos uma proposta de identidade nacional, como, aliás, sempre é o caso quando se trata da moeda de um país. Mas muda o tipo de identidade que se propõe. Detenhamo-nos nisso.

Por muito tempo, as personagens de nossa história a quem se homenageava nas cédulas de papel-moeda representavam sua vertente mais oficial. Eram Tamandaré, Caxias, a princesa Isabel, o barão do Rio Branco. Com a Nova República, porém, começou a ocorrer uma mudança nesse perfil. Se a primeira cédula do governo civil homenageava ainda um político, chefe de Estado — Juscelino Kubitschek, em 1985 —, é verdade que marcado pela dignidade da perseguição que sofrera da ditadura militar, as notas que se seguiram celebravam figuras salientes de nossa cultura: Cecília Meireles, Machado de Assis, Mário de Andrade, Augusto Ruschi. Foi-se saindo do oficialismo da história marcada pelo governo e pelas armas, construída em torno do Estado nacional e de seus poderes, para entrar-se, gradualmente, numa história marcada pela cultura e por seus criadores.

Essa história abandonava as efemérides, em favor da evocação. Deixaram as notas de salientar batalhas, por exemplo, para rememorar uma obra, um bairro. O melhor exemplo talvez seja o Catete, evocado por Machado de Assis. Aquela parte do Rio mais conhecida, durante muito tempo, pelo palácio e o poder presidenciais passava por uma reelaboração afetiva, que convertia o que fora poder oficial em memória carinhosa. O Estado cedia lugar ao afeto; a história — no sentido de instrumento sólido de uma unidade nacional monitorada pelos grandes heróis e datas — à memória quase pura, aquela frágil e efêmera memória que tem sido celebrada pelos estudiosos.[19] Com a nota celebrando Augusto Ruschi, deu-se tom ecologista à produção da Casa da Moeda, que agora prestigiava o cultor de nossos beija-flores, o cientista que tentou salvar-se de uma enfermidade fatal recorrendo à pajelança indígena. Assim, ao mesmo tempo que a cultura, no sentido tradicional das belas-letras, ia sendo honrada na figura de nossos grandes escritores, também se homenageava a cultura, num sentido próximo ao antropológico, o dos costumes tradicionais, como os indígenas ou negros.

Não destoa muito desta vertente, assim, que os animais passem, de figuração que adorna a homenagem prestada a um Ruschi, a objeto, eles mesmos, do prestígio: a centro da nota. Parece até haver uma continuidade nessa passagem. Com freqüência tivemos a natureza completando a exaltação do grande homem; agora, é ela mesma que vemos exaltada. Mas, ainda assim, a mudança é grande e significativa. Basta lembrar que recentemente, analisando a bandeira do Brasil, Marilena Chaui assinalasse que, ao contrário da francesa, que aponta para a história e as lutas, a nossa exibe um simbolismo inteiramente natural — no caso, vegetal e mineral. Nossa classe dominante, concluía ela, nega a história e tenta identificar seu domínio com a natureza.[20]

Ora, é o mesmo naturalismo atávico, agora transposto ao mundo dos animais, que defenderá as cores do real. A opção pelas imagens da fauna tem vários sentidos. Um primeiro é o de beleza, de algo atraente, não conspurcado. Pode, assim, ser um sinal de propaganda tanto interna quanto externa (vale dizer,

19. Cf. Ecléa Bosi. *Memória e sociedade. Lembranças de velhos*, São Paulo, EDUSP e T. A . Queiroz, 1987. Olgária Matos também tem comentado essa questão em seus textos.

20. Ver Marilena Chaui, "Raízes teológicas do populismo no Brasil: teocracia dos dominantes, messianismo dos dominados", in Evelina Dagnino (org.), *Anos 90 — política e sociedade no Brasil*, pp. 23-4.

internacional) do novo papel-moeda. E dessa forma funciona — este, um segundo sentido — como *compensação* por aquilo que se tornou nossa sociedade, tomada pela poluição da natureza e pela competição desenfreada entre os homens. Vem assim encenar uma imagem de equilíbrio, harmonia, inocência — que costumamos associar à natureza virgem, não devastada pelo homem. Não é preciso dizer quanto esse ideal, que sem dúvida muitos têm como meta, é ilusório se for entendido como tradução do que existe, correspondendo pouquíssimo ao que ocorre em nosso país ou mesmo ao que visam as políticas, públicas e privadas, hoje dominantes.

6.

Podemos sintetizar o imaginário que se cristaliza na representação da nova moeda. Ela é, em seu nome, *realidade*, entendida como negação de tudo o que é errático e pernicioso na fantasia. Por sua imagem anunciada, ela pode então desconhecer, e recusar, a história, que se passa a entender como uma sucessão multissecular de *oportunidades perdidas*. Nosso passado, assim, torna-se uma espécie de fantasia, de delírio coletivo e vão. Um passado terrível pode ser concebido, ao modo da psicanálise, como um legado que urge enfrentar, analisar, superar. Mas pode, também, ser lançado na conta do *non-sense*, do carente de sentido, daquilo que, mero balbuciar ou excesso de absurdo, carece de lógica: o problema dessa perspectiva, que é a que presidiu ao lançamento do real, está em perder a compreensão do objeto assim desdenhado e desqualificado.

Eis o que é grave na forma como os defensores do real lêem, pelo menos em seu uso do discurso imaginário, o passado e a inflação. Tentando vencer o processo inflacionário, procuram fazê-lo passado,[21] deitando-o então na mesma linha do sem-sentido, da desrazão. O perigo é, com isso, desconhecer as razões do que são processos sociais e históricos, sejam eles a inflação ou o passado. Aliás, o problema está justamente em *identificar inflação e passado*; assim, tudo o que, neste parágrafo, dissemos de um aplica-se ao outro: encontram-se ambos na irracionalidade, no exagero de fantasias, nas ocasiões perdidas. Para se fazer passada a inflação, faz-se, o passado, fala vã, balbucio de um louco.

Finalmente, a realidade agora invocada se mostra na figura da natureza virgem, do começo de tudo.[22] Aqui talvez esteja o cerne ilusório do argumento pelo real, ao ocultar o fato essencial de que — exceção feita a algumas escassas referências ao desenvolvimento sustentável — tudo o que tem sido proposto em nossa economia vai na direção oposta à de um bucolismo natural. Mas, e ainda que nossa economia consiga juntar o desenvolvimento ao respeito da natureza, não deixa de ser curioso que as melhores imagens do real sejam as que mostram uma natureza

21. Por exemplo hoje, 12 de abril de 1999, quando dou mais uma última mão neste artigo, o presidente afirma na televisão: "*O real é o marco divisório da nossa história.* É o fim de um tempo em que tínhamos uma inflação descontrolada, que derretia dinheiro e salário no bolso do povo, uma inflação que devastava nossa economia, penalizando os mais pobres" (grifo meu).

22. Em artigo de 1999, José Murilo de Carvalho argumenta, com base em pesquisa, que o maior motivo de orgulho, para os brasileiros, é a natureza; e, de vergonha, é a sociedade. Sobre essa sobrevalorização do natural, em compensação pelo esvaziamento da história e das relações sociais, veja-se em particular sua análise do hino nacional — e de seu possível aumento de popularidade, após a campanha das Diretas: "o hino nacional é de longe mais edênico do que o *Por que me ufano* [do conde Afonso Celso]", já que nele tudo o que se elogia no Brasil é obra da natureza, e não do homem. Até "a referência à liberdade, uma conquista humana, [...] aparece via metáfora natural: a liberdade é o sol cujos raios brilham no céu" ("O motivo edênico no imaginário social brasileiro", in *Revista Brasileira de Ciências Sociais*, 1999, 13 (38), pp. 63-79; as citações são da p. 71).

prévia ao civilizado. Aqui, a invocação do novo começo, da partida pura, evidencia-se.

Haverá, nesse anseio por uma natureza apenas nossa, e da qual nossos rastros estejam como que apagados, o pressuposto de que a realidade apontada como meta consista na negação mais cabal de nossa história, na denegação plena de nosso passado? Estar-se-á então fazendo da nova moeda um avatar a mais da Idade de — significativamente — *Ouro*, do passado ou, melhor dizendo, do grau ou ano zero, em que tudo é virgem, em que o mundo se mostra em sua pureza ainda não conspurcada? A natureza virgem é — sempre que evocada como solução imaginária por uma sociedade desigual e poluidora, por uma sociedade francamente desnaturada — imagem de redenção. Pode significar, ao modo de Rousseau, a rejeição radical dessa sociedade. Mas pode, como é o caso em tela, significar apenas o recurso ideológico a uma compensação imaginária, que não se propõe a modificar, em suas bases, o desnaturamento e a poluição.

Assim, à luz do nome e das imagens da nova moeda, mas também dos discursos de crítica à inflação, é compreensível que mais uma vez se embarque no sonho da natureza redentora, à qual se sacrifica a dolorosa — porém necessária — consciência de uma história pesada, quase pesadelo. De modo que *o real*, assim concebido, *é sonho*: o sonho de que possamos nos desfazer do passado simplesmente relegando-o à esfera da fantasia e do erro ou errância, e apostando, como fundamento, na natureza prévia ao civilizado.[23]

23. E não estará aí, talvez, a razão para a curiosa repetição ignorante dos velhos nomes de moedas? Vimos que se repetiam os nomes, mas que isso se fazia na inconsciência dos economistas; ora, esses dois fatos talvez não se contradigam: é possível que o desejo do grau zero, da pátria moldada a frio, seja tão intenso que precise denegar a história, por um lado, e recomeçá-la, por outro. São dois processos divergentes, mas que obedecem à mesma regra. Ser brasilei-

Mas, justamente por constituir um sonho, é que perguntamos por que os brasileiros puderam sonhar dessa maneira — e não se ou como um grupo de luminares terá planejado um imaginário destinado a tanto êxito. Histórias de sucesso podem ser narradas da perspectiva do príncipe, ou do agente que termina triunfando; mas soa mais interessante e rico contá-las do ângulo daqueles que os aplaudiram, melhor dizendo, daqueles que lhes conferiram o êxito e a vitória. É possível que, com outro nome e outras figuras no papel-moeda, muito transcorresse de maneira parecida. Mas, aqui, representação na imagem e na denominação vieram muito bem a calhar com o que a sociedade podia desejar. Daí que tenhamos procurado ver como se deu uma recepção que adequava tão bem o projeto da nova moeda a hábitos: uns da profissão econômica (o desconhecimento do passado); outros, do projeto político governamental (a idéia de um novo começo); outros, ainda, mais difundidos, quase constitutivos da experiência social brasileira — a difícil relação com a história, a prioridade conferida à natureza, para não falar da complicada relação da esquerda com o iluminismo.

APÊNDICE: A HISTÓRIA QUE VOLTOU AO REAL[24]

No segundo semestre de 1998, uma nova série de moedas metálicas retomou a história brasileira. Talvez isso significasse

---

ro, se significa portar nossa história na consciência ou na memória, é muito difícil: daí que precisemos tantas vezes — e com o real isso volta a ocorrer — fingir identidades factícias, moldadas a compasso, para esquivar nosso passado.

24. Em 16 de agosto de 1998, diante da nova família de moedas metálicas — que, estas, contêm história brasileira — publiquei um artigo na *Folha de S. Paulo*, p. 3 de seu primeiro caderno, que ora resumo neste apêndice.

que, tendo o real feito história, agora fosse possível retomar os temas históricos. Se o papel-moeda de 1994 fazia *tabula rasa* de nossa história, que ele identificava à inflação — a uma série de oportunidades perdidas, de escolhas infelizes —, uma vez triunfante o real se teria, de novo, história. Assim poderia ela voltar, se não ao nome da moeda, pelo menos ao metal das moedas.

O que impressiona, porém, é tratar-se de uma história de má qualidade, banal e institucional, ao modo dos piores manuais escolares. No governo de um sociólogo, a leitura da história proposta nas moedas ignorou por completo o que mostraram as ciências humanas — e a própria pesquisa histórica — em nosso tempo. Como a moeda, divisa ou metálica, se liga a uma idéia de identidade nacional, poder-se-ia dizer que, se a Copa do Mundo é a pátria de chuteiras, e o hino é a pátria com a mão no coração, as moedas marcam a nacionalidade no dia-a-dia, no troco do ônibus.

Mas a história metálica de 1998 é mera sucessão de grandes nomes: Cabral, Tiradentes, Pedro I, Deodoro e Rio Branco — uma cronologia das principais figuras da história oficial, quase todas brindadas por um feriado nacional.[25] O nome que se explica mal, na série, é Rio Branco, que destoa do heroísmo ou grandeza dos outros pró-homens. Contudo, sua escolha talvez dê a chave de nosso oficialismo. Somam-se duas explicações. Uma primeira, superficial, recorda que o presidente da época (1998) fora ministro das Relações Exteriores, e que seu governo recorreu em larga medida aos quadros do Itamaraty. Segunda, e principal: Rio Branco resolveu nossas questões de fronteiras. Foi quem completou o mapa do Brasil.

25. Respectivamente, o descobrimento do Brasil (22 de abril), a execução de Tiradentes (21 de abril), a independência (7 de setembro) e a proclamação da República (15 de novembro). Exceção é Rio Branco, o único prosaico nessa lista de grandes homens.

A história assim escolhida começa com a descoberta e termina na fixação das fronteiras. Sua ênfase não está na nação, mas no Estado. Sua preocupação não é com o povo, mas com o território. Conta a soberania nacional, não a soberania popular. A iconografia será por isso a da construção do Estado, não a das lutas nacionais e populares. Agora, se Rio Branco é a prosa no meio do heroísmo — mas acaba dando a chave da série, na medida em que compartilha com as outras figuras a perspectiva do Estado, a "de cima" —, Tiradentes é o excesso, a sobra popular na festa que celebra o Poder. Ele é o único herói popular, o único que se deu realmente mal.

O retorno da história ao valor, ou às moedas, não refuta o que antes dizíamos. Depois do esvaziamento da imagem humana promovido pelo papel-moeda de 1994, a história dos homens volta à moeda sob sua forma mais convencional. Não estranha que o nosso passado, quando as instituições assim o celebram, desperte tão pouco interesse.

Intermezzo variado

1. A HISTERIA DO GERÚNDIO

Cada vez mais ouvimos, especialmente no rádio, no comércio ou nos telefonemas da área de serviços, um gerúndio despropositado. "Vamos *estar falando* com o senhor", "eles *estarão encontrando* tal coisa". Mesmo ações que se dão no instante (*encontrar*, por exemplo) são apresentadas no gerúndio — que, como se sabe, dá a idéia de uma ação *contínua* ou *continuada*. Os professores de português insistem, porém em vão, em lembrar que o correto é "vamos *falar*" ou "*encontrar*".

Deve haver uma explicação para esse fato curioso: o futuro, pelo menos como tempo verbal, está invadido pelo presente contínuo. O gerúndio indica uma presença intensificada. Forma o presente da presença, o presente ao quadrado, aquele em que a ação está *mesmo* sendo praticada, em que as coisas *de fato* ocorrem.

Será que, ao jogarem uma *overdose* de presente e presença no futuro, nossos falantes não estão compensando um medo do vazio? ou, o que dá na mesma, um desejo de uma verdade verdadeira, de algo que seja, de verdade, verdade? Inflacionar nossas ações é típico do que eu chamaria uma histeria brasileira, que compensa num excesso imaginário aquilo que *falta* em nossa história. Assim, quando Tancredo Neves morreu, muitos se comprometeram a cumprir os ideais dele; alguns chegaram, emocionados, a jurá-lo. Foi enorme a intensidade afetiva deposta em seu legado. O problema, porém, estava em dizer quais eram os seus ideais. O termo se aplicava mal a um político pragmático, mestre na negociação interna às elites. Daí que, em pouco tempo, ele e seus supostos valores foram esquecidos.

Mas não deixa de ser verdade que por um curto espaço de tempo — e exatamente o da passagem da ditadura ao regime civil — nos tornamos órfãos do presidente. O curioso é o caráter factício de tal orfandade: viramos órfãos de quem nunca, antes, havia sido nosso pai, de quem não nos criou, de quem não nos fez crescer. Se a morte de Iracema abria o País mediante um luto insuperável, mediante a perda irremediável da mãe que era a legítima dona da terra — e a ocupação do território pelo português, esse território que Rio Branco finalmente demarcaria, representava um encobrimento da perda inicial, uma não-solução, que jamais resolveria a dor original, eis que o mapa e as fronteiras nunca saciarão o desejo que ficou sofrido — e por isso, ainda, abrimos nossa história lendária, a da "lenda do Ceará", com uma orfandade que obturava qualquer possibilidade de ação efetivamente transformadora do mundo — aqui, com Tancredo, o que temos é uma morte real, sim, mas de alguém que nunca foi pai, e que somente foi constituído como tal naquelas poucas semanas da passagem, entre o governo ditatorial e a almejada democracia.

Aqui está um significante precioso. O Brasil viveu, em abril de 1985, uma orfandade em estado puro. Tornamo-nos filhos de

Tancredo, mas somente no momento de sua morte. Jamais nos beneficiamos de sua proteção, amparo ou carinho (daquilo, pois, em que consiste o pai), mas sofremos com sua perda — o que é o máximo do mau negócio, em que só podemos perder, ganhar nunca. Tratávamos, há algumas páginas, do mundo em que Getúlio morreu, em que *continuamente* morreu, relacionando-se com a massa por sua morte, morte essa que constituiu a massa como órfã: o ditador e presidente sempre fora uma presença distante, fugaz, fugidia para os pobres, e ao mesmo tempo uma presença intensamente desejada. Sua ausência dava maior força afetiva à relação do que jamais poderia vir-lhe de um real *tête-à-tête.* Agora, passamos a seu ministro da Justiça, o mesmo Tancredo Neves que herdou a caneta de ouro com a qual Getúlio assinou a carta fatídica de suicídio, pela qual deixava a vida para entrar na história — a mesma caneta que serviria a Tancredo para tomar posse na presidência. Duas mortes, duas orfandades; mas a segunda não foi além de arremedar a primeira, e em pouco tempo foi esquecida.

Ainda assim — ainda que frágil a orfandade política dos anos 80 —, cabe dizer que esse é o extremo da heteronomia. Para pôr fim à heteronomia que vivemos sob a ditadura, quando todas as decisões relevantes eram furtadas à cidadania, passamos por uma nova heteronomia. Faz parte de uma experiência profundamente dependente que ela se cristalize na perda do pai — e sobretudo de um pai que *não* existiu. Com Iracema, Moacir perdia a mãe, uma mãe mítica, que só começou a existir a partir de Alencar — e com Getúlio e Tancredo perdíamos o pai, um pai também construído, e no segundo caso nascido somente ao morrer, um pai *post-mortem*, feito quase que apenas de luto. (Nesse ponto, Ileli acertara, sem querer: há no esquema populista, demótico — ou, digamos simplesmente, dependente —, uma morte que não foi precedida por vida, uma perda que não foi antecedida por posse, propriedade ou doação. Há uma experiência do nada, antes do qual não houve ser.) A cidadania renasceu, em 1985, ou o que imaginávamos cidadania renasceu, como a orfandade do pai presidencial.

Talvez tal vazio inaugural de nossa maioridade democrática explique de algum modo a invasão do presente no futuro que o gerúndio efetua: esse medo de que o presente se esvaia, essa tentativa de fazê-lo contínuo, de fazê-lo continuar. Aliás, a insegurança se explica igualmente porque, se conservamos a democracia entendida como eleições livres, isso não se deve a uma conquista nossa, a uma mobilização popular nesse rumo[1] — mas a uma conjuntura internacional que excomungou as ditaduras tradicionais. Também nesse ponto, se mantivemos o autogoverno, não foi porque o tenhamos conquistado, não foi por *autonomia* nossa: a heteronomia está presente até na constituição do que temos de autonomia.

2. ENTERNECER O FUTURO

Talvez sintamos, hoje, dificuldade em lidar com o tempo. Os tempos verbais são como construímos nossa apreensão do passado, do presente e do futuro. Ora, existe coisa mais insossa do que a história que aprendemos? Tratei do modo como ela é apresentada no papel-moeda de nossos dias, e no anterior à ditadura. Enquanto os Estados Unidos têm um passado, feito de autogoverno, até mesmo antes da unidade nacional e da independência, a nossa história é toda ela construída de heterono-

1. Ao contrário, por exemplo, da Argentina, onde nos anos 80 as tentativas de golpe de Estado por parte dos saudosos da ditadura se chocavam com enormes manifestações populares pela democracia.

mia: colônia, escravidão, ditaduras. Certamente é por isso que a figura do *herói* se esvaiu tanto, nos últimos anos, perdendo a capacidade de seduzir ou mesmo de persuadir quem lê o País. O esvaziamento da história escolar e oficial confessa a perfeita medida de sua falsidade — da dificuldade de expor uma história triunfante, quando todos sabem que o presente do Brasil não é uma história nem de sucesso, nem de justiça, nem esse deve ter sido o seu passado. A história brasileira é em boa medida lavrada no horror. E é para não se expor essa chaga que é a memória da opressão e da injustiça, atravessando o passado brasileiro, que se ensina nas escolas e nas moedas metálicas uma história insípida, inodora, incolor.

Uma história é, porém, da mesma matéria do sonho. Os clássicos insistiam em que memória e imaginação se constroem com os mesmos fragmentos de percepção que em nós ficaram. A diferença está em que num caso se procura reconstituir o que se percebeu, e em outro se constrói uma figura nova. Basta, como ocorreu nos últimos anos, abrir mão de uma crença muito forte na realidade como um dado, como algo pronto, para que memória e imaginação, história e sonho, se aproximem extraordinariamente. E, à medida que a história se constitui como memória, ela vai-se tornando o sonho que articula algum tipo de identidade. Tal conjunto de imaginações, por sua vez, pode ajudar ou perturbar decisivamente a ação; a esse respeito, Marx escreveu páginas relevantes em seu *Dezoito Brumário*.[2]

Mas não será por silenciar, por omitir o acerto de contas que nunca fizemos com o passado, que temos tanta dificuldade em construir um futuro? Enquanto não conseguimos separar os tempos verbais, julgar e enterrar o passado, enquanto, pior de

2. Ver meu comentário a respeito em *A última razão dos reis*, ensaio "O novo e o *pathos* (Em torno do *Dezoito Brumário*)", pp. 120-48 (notas, da p. 169 à 177).

tudo, nem sequer o tentamos, continuamos brincando de *enternecer* o futuro — nele projetando por exemplo o gerúndio —, dele fazendo um prolongamento bastante infantil do presente, um momento de presença histérica.

3. NEGAR DÍVIDAS, NEGAR RAÍZES

Essa difícil relação com o passado, se gera uma exacerbação do presente, assim como eventualmente produz uma orfandade de fancaria — e de pouca duração — com respeito a algum político ou figura admirada, aparece com muita clareza na dificuldade de se reconhecer alguma *dívida*. Lembro de ter lido, do cientista político Francisco Weffort, um interessante comentário sobre a diferença entre o modo como o Brasil e a Argentina se relacionavam com sua história. Nossos vizinhos entendem seu presente como continuidade de seu passado: o simpatizante de Perón, por exemplo, admiraria, no século XIX, o caudilho Rosas. No Brasil, seria quase delirante alguém do povo articular uma simpatia por Getúlio Vargas e pelo regente Feijó — para tomar dois estadistas, digamos, mais para a esquerda; mesmo que haja elos entre ambos, esses somente se manifestam a uma leitura fria, científica, jamais aos olhos leigos e afetivos do povo. Nossa história é gelada. Não inspira a ação, como já vimos a propósito de nossa "Norma tupi". Jamais ajustamos contas com a escravidão, com a colônia, com a iniqüidade. Talvez por isso, vivemos a ilusão do eterno recomeço. Talvez por isso, tenha sido possível brincar de realidade com uma nova moeda, promessa de que adviria o futuro a baixo custo e sem o doloroso trabalho da morte e do luto. A cada instante, descartamos o passado inteiro.

Daí, também, nossa dificuldade em reconhecer raízes. Isso tenho presenciado no trabalho acadêmico. Quantos trabalhos já li, que são avarentos o mais que podem na confissão de uma leitura, de uma dívida que seja. Citamos pouco, uns aos outros. Fingimos nos relacionar diretamente com nosso objeto, numa epistemologia ingênua em que o objeto, a coisa mesma, estaria sendo visado sem a mediação dos outros que escreveram, das leituras que fizemos, de décadas, séculos ou milênios de comentadores. Em filosofia, em que o objeto de quase toda análise já são textos, e não uma suposta coisa em si, fingimos que os clássicos a quem nos referimos tenham a densidade ontológica daquilo que prescinde de todo comentador — a não ser, claro, de nós mesmos. Não nos citamos, e sobretudo não citamos os brasileiros. Dá para citar e reconhecer um filósofo morto, ou um comentador estrangeiro, mas não um nosso par. É possível que esta comédia de fingimentos, esta ficção de baixa qualidade, acabe responsável por uma certa insuficiência na qualidade do que aqui se produz, pela dificuldade do deslanche.

A avareza é estéril. E é certo que esse procedimento torna impossível constituir uma comunidade, um grupo, uma socialização qualquer em torno do conhecimento. Para nos socializarmos, precisaríamos abrir mão dessa fantasia de uma relação direta e privilegiada com o texto em si mesmo, e reconhecer que só temos acesso a ele pela mediação de nossa cultura, pela transmissão que a nós chegou vinda dos outros, mesmo daqueles com quem competimos — porque este individualismo que supostamente valida uma leitura certa, a única certa, a nossa, é altamente competitivo. Com isso, de tanto querermos conhecer o certo, e encontrá-lo nós mesmos, sem ninguém a nos perturbar de permeio, barramo-nos o agir. Pode ser por isso que precisamos, tanto, do presente contínuo, do gerúndio a torto e a direito: porque faltam passado e futuro, e isso em última análise porque não nos socializamos.

Uma relação direta com o ser, com as coisas mesmas, uma relação só nossa, ou melhor, só minha: eis um individualismo que não é o calvinista, que redunda no trabalho, nem o radical de Don Juan, que espolia e preda,[3] mas parece constituir uma marca registrada do modo como, nas camadas universitárias, se compete pelo prestígio, nas classes ricas, se despreza e desconsidera o outro, nas classes populares, se busca a salvação da alma. A dificuldade de gestar o coletivo é traço desde muito apontado em nossa sociedade. Se ela implica estratégias diferentes, conforme lidemos com o conhecimento, o dinheiro ou ainda a carência, parece ter sempre em comum o sonho de um acesso direto, imediato, ao que realmente conta. Há um sonho lotérico ou garimpeiro — o da vitória súbita — por trás disso tudo. Será por acaso que a única menção ao Brasil, no *Capital* de Marx, se dê falando ele da mineração?[4] a qual, de todas as atividades de produção, é uma das em que o esforço menos tem a *ver* com o resultado, em que tanto adianta batear vinte anos quanto vinte minutos, com o mesmo fruto vão, ou um mesmo esplêndido ganho? (Grifei o verbo *ver*, porque — embora o argumento de Marx seja que, mesmo ali onde o resultado é lotérico, ele cristaliza trabalho acumulado, e portanto remete ao valor-trabalho e não à mera boa fortuna — tal fato não se dá a *ver*. A visibilidade que têm os mineiros ou garimpeiros, por aquilo que fazem, passa mais pela sorte que pelo trabalho.)

Em suma, talvez aqui eu feche este intermédio apenas evocando a dificuldade brasileira em lidar com o trabalho, com a

3. Sobre o individualismo calvinista e sua produção de uma sociedade moderna, ver os clássicos de Weber, *A ética protestante e o espírito do capitalismo*, e de R. H. Tawney, *A religião e o surgimento do capitalismo*. Sobre o individualismo de Don Juan, ver meu "A política de Don Juan", in *A sedução e suas máscaras. Ensaios sobre Don Juan*.

4. Utilizei a edição do *Capital* (refiro-me apenas ao volume I) acessível no site http://www.marxists.org/archive/marx/works/index.htm, à qual remeto os interessados. Marx cita Eschwege, na passagem em questão. É interessante que seja esta a primeira referência a um País que ocorre no *Capital*.

demora, a dilação, a frustração, em suma, com o tempo; ou, ainda, com o outro, com o social; o que pode ser novo nesta observação é que a dificuldade de articular o social — que desenvolveremos, nos artigos a seguir — esteja ligada a uma doutrina do acesso direto ao Ser, às coisas mesmas. Como nossa idéia do que realmente conta — o sucesso, o dinheiro, a salvação — é muito forte, a ponto de ele assumir uma densidade inegociável, a de coisa em si, fica muito complicado lidarmos com o mundo das meras aparências, dos apenas fenômenos. Ora, é em meio às aparências que avulta a vida social. Lidar com o outro é tratar com quem nunca conhecemos no seu íntimo, mas somente pela mostra externa; eis o que frustra, quando se tem o anseio do absoluto; e este é o desafio para quem mora em nosso mundo — saber que só criamos relações, só respeitamos o outro, quando aprendemos a conviver, isto é, a viver no relativo.

Uma política sem políticos: Collor e Senna[1]

Na modernidade, é preciso distinguir na palavra *público* dois sentidos principais. Primeiro, aquele em que ela se opõe a "privado", e se faz sinônimo do bem comum. Isso não quer dizer "estatal": pode haver uma esfera pública que não pertença ao Estado, por exemplo a de uma associação ou entidade que não tenha por finalidade apenas o bem de seus donos (o chamado

1. Este artigo teve uma primeira versão publicada, sob o título de "A política como espetáculo", em *Os anos 90 — política e sociedade no Brasil*, org. Evelyna Dagnino, São Paulo, Brasiliense, 1994, que reunia os trabalhos apresentados em seminário sobre o populismo realizado um ano antes na UNICAMP. A parte referente a Senna foi agregada mais tarde, para o seminário da Fundação João Pinheiro e da PUC-Belo Horizonte sobre *O público e o privado*, de que participei em maio de 1994.

Parte do que se segue — mais precisamente, a segunda parte, sobre a família Collor — retoma, com muitas modificações, um ensaio inicialmente publicado na *Folha de S. Paulo* em 31 de maio de 1992, caderno "Mais!", p. 6-4, sob o título de "O público, o privado e a platéia". Naquele momento convergiam duas novidades bastante importantes na política brasileira: primeira, as denúncias contra o presidente da República, suscitadas por seu irmão, e que culmina-

"terceiro setor" — é verdade, porém, que este é uma criação, podemos dizer, "pós-moderna", que a modernidade praticamente ignora, ou que só em nossos dias alcança dimensão significativa). E este é um dos caminhos mais ricos para a invenção democrática, hoje que, simultaneamente à ruína dos principais Estados comunistas, se esgotou a identificação do público com o estatal.

Mas há também um segundo sentido de "público" — o que se opõe a "palco", tendo assim por sinônimo a "platéia". No sentido teatral, o público vale menos que o palco. Já no primeiro sentido, de corte jurídico, deve valer mais que o privado — embora o capitalismo, fortalecido pela economia, lhe tenha conferido poder inédito na história. O segundo sentido de "público" prepondera na língua francesa do século XVII (vejam-se as memórias do cardeal de Retz, ou, mais tarde, os cronistas do reinado de Luís XIV), ao passo que o primeiro é o mais freqüente na filosofia inglesa de mesma época: eis um sinal da diferença de duas culturas políticas, uma que instaura o absolutismo e com isso reduz a participação da sociedade na coisa pública ao papel

---

ram em sua condenação por crime de responsabilidade; segunda, as mudanças em seu ministério, que haviam afastado do mesmo as personagens mais duvidosas ou de menor credibilidade, substituindo-as por nomes de maior sustentação política ou de respeitabilidade pessoal.

Evitei, nesta parte, ser redundante sobre assuntos de que tratei mais a fundo em outros lugares — nomeadamente: *A etiqueta no Antigo Regime* (Brasiliense, 1983; 4ª reimpressão, Moderna, 1999); *Ao leitor sem medo. Hobbes escrevendo contra o seu tempo*, cap. 2, 2ª edição, Editora da UFMG, 1999; "A política de Don Juan", in *A sedução e suas máscaras. Ensaios sobre Don Juan*, São Paulo, Companhia das Letras, 1988; "A glória", in Adauto Novaes (org.), *Os sentidos da paixão*, São Paulo, Companhia das Letras e Funarte, 1987, pp. 107-16; "O entusiasmo, o teatro e a revolução", in Adauto Novaes (org.), *Tempo e História*, Companhia das Letras e Secretaria Municipal de Cultura, São Paulo, 1992, pp. 309-28.

de público, de passivo espectador, a quem se prodiga o fascínio mas se nega a ação; e outra, que vem junto com a instituição de formas de poder que, a longo prazo, farão triunfar a liberdade e a democracia.

A política moderna se entende, em boa parte, pelo conflito dessas duas idéias de público. Contra a monarquia absoluta, a modernidade desenvolveu uma esfera pública, na qual a opinião e o voto decidem as questões de interesse geral, que saem da competência do rei — agora convertido numa figura privada que se apossou indevidamente da dimensão pública — para dizerem respeito ao conjunto dos cidadãos. Mas, por outro lado, a mesma monarquia absoluta, com Luís XIV, fez intenso uso de recursos teatrais, tornando os possíveis descontentes em um público, no sentido cênico. Os truques da etiqueta real visavam, justamente, a impressionar as mentes, a calar a dissidência, a fazer que num povo como o francês um traço psicológico — o medo do ridículo — silenciasse outro, o espírito crítico. Isso se lê nas memórias do Rei-Sol ou nas de seu contemporâneo, o duque de Saint-Simon. Luís XIV explica que, como "os povos sobre os quais reinamos, incapazes de penetrar o fundo das coisas, costumam regular o seu juízo pelas aparências que vêem, e [...] medem seu respeito e obediência segundo as precedências e as posições", é fundamental que o governante, que deve ser um só, "esteja de tal forma elevado acima dos outros que ninguém se possa confundir ou comparar com ele; e, sem prejudicar o corpo inteiro do Estado, não se pode retirar do seu chefe a mínima marca da superioridade que o distingue dos membros".[2]

Essa preeminência do governante é a razão da etiqueta, que a manifesta na minúcia dos gestos. Um século mais tarde, Mme.

2. Cit. por Norbert Elias, *La société de cour*, cap. IV, p. 116; trad. in *A etiqueta no Antigo Regime*, Moderna, p. 54.

Campan, que foi camareira de Maria Antonieta, atribuirá a catástrofe que vitimou sua ama a não ter ela sabido como respeitar e utilizar a etiqueta: a rainha a via apenas como um estorvo à privacidade que tanto prezava, não percebendo que — sempre segundo sua servidora — somente esse conjunto de regras mantinha os súditos em reverente temor e, assim, evitava convulsões sociais.

Lembremos que essas tecnologias de controle da sociedade pelo bom jogo das aparências continuam fortes, hoje. Mudaram à medida que o Antigo Regime ruía, mas apenas para ceder lugar a novas formas, nas quais algum compromisso se firma com as exigências democráticas, porém sem necessariamente pôr termo à teatralização do social e do político. Discussões sobre o Estado-espetáculo ou, mais geralmente, sobre a própria ideologia muitas vezes põem em cena esses instrumentos a que Luís XIV, na esteira de uma tradição que remontava pelo menos aos duques de Borgonha do século XV, deu forma canônica.

Retomemos os traços essenciais da etiqueta. A própria palavra, embora posteriormente se tenha confundido por vezes com uma "pequena ética" (*small morals*, diz, por exemplo, Hobbes), quer inicialmente dizer rótulo. Temos, assim, um procedimento de localização social das pessoas, a quem se etiqueta. Mas o essencial parece ser que a etiqueta se dê no encontro de duas séries diferentes de organização do social. A primeira é o processo de crescente civilização dos costumes,[3] pelo qual, desde o século XII, vão os europeus refinando seus costumes, despojando-os da rusticidade e conferindo-lhes crescente urbanidade. Por essa via, o que temos é uma tendência a reconhecer-se a igualdade entre os homens, a qual se manifesta

3. Termo de Norbert Elias, em seu *O processo civilizador* (franc. *La civilisation des moeurs*), vol. 1, Jorge Zahar editor, com introdução minha.

sobretudo em ambiente urbano e, no interior deste, naquelas cidades onde uma burguesia se destaca: o norte da Itália, os Países Baixos.

Outra série, porém, se encontra com esta: a que se refere à adoração do príncipe. Se a primeira série tende à igualdade, esta última produz uma desigualdade de base, uma hierarquia que proclama o príncipe como sagrado. Melhor a vemos entre os duques de Borgonha, sobretudo o último, Carlos, o Temerário. Esses príncipes, os mais poderosos da Europa, não suportavam o fato de não serem reis; toda a sua estratégia se moveu, do começo do século XV até a morte de Carlos e a destituição de sua casa, a fim de obter uma soberania plena que os libertasse da sujeição, quer ao rei de França, quer ao imperador germânico. Fazia parte dessa estratégia — sendo eles os mais refinados príncipes da Europa — terem em sua corte um ritual inspirado nas Sagradas Escrituras, e que procurava exaltar o duque como figura divinizada, ou melhor, modelada neste deus preciso que é Cristo, Filho de Deus e Filho do Homem, ponte entre o humano e o divino.

O encontro das duas séries se dá quando as boas maneiras são sobredeterminadas pelo sentido político hierárquico do culto ao príncipe. É a partir daí que a longo prazo, passando-se pela corte de Espanha, vai-se chegar à etiqueta em sua forma acabada, a de Luís XIV, e ao uso exemplar dos modos elegantes e respeitosos como sinal e instrumento de diferenciação — mais que isso: de *hierarquização* — social e política.

Quanto mais se *teatralizar a política* — quanto mais os cidadãos forem reduzidos a público, a espectadores das decisões políticas —, *menor* será o caráter público das políticas adotadas, menor seu compromisso com o bem comum, com a *res publica* que dá nome ao regime republicano. Em suma, quanto mais o governante concorrer para sua popularidade, menos será republicano, e maior risco correremos de que, esquecendo o público pelo publicitário, ele se aproprie da coisa comum para fins privados. Aliás, até a Revolução Francesa é lícito aos pensadores, mesmo referindo-se a Estados monárquicos, falar em república: o rei de França, por exemplo, dirige "a república" com tais ou quais cuidados; o que isso significa é a ênfase no Estado enquanto se mostra ocupado com a coisa pública, o bem comum. Assim, a monarquia diz-se república enquanto alega ter, por fim, o bem público; já o que distingue o regime republicano é assumir a coisa pública, o bem comum, não só como causa final mas também como causa eficiente, não apenas como fim, mas também como meio. É republicano o regime que não somente *visa* ao bem comum — por quaisquer meios que sejam, inclusive os autoritários — mas também e sobretudo escolhe, nessa direção, *meios* republicanos, que estão ligados à igualdade, à liberdade, à fraternidade. Por isso a transparência se torna uma virtude republicana — talvez, em nossos dias, uma virtude republicana *central*. Será a partir dessa idéia de que não só os fins, mas também os meios, são relevantes no autogoverno dos humanos, que uma diferença nítida oporá as monarquias e as repúblicas, em especial no século XIX e em começos do XX.

Esses pontos se explicitam nas questões íntimas e públicas da família Collor. O ex-presidente, desde a campanha, fez farto uso de recursos publicitários. Lembre-se a constituição de sua imagem como esportista, no início do mandato, quando a cada domingo ele se exibia num esporte novo — transmitindo uma impressão de eficiência, força e juventude, dando à opinião pública a noção de que pela força do corpo e da vontade o presidente venceria os problemas do Brasil, da inflação ao subdesenvolvimento.[4]

Muitos protestaram contra esse uso da imagem presidencial, reclamando que questões que exigiam uma solução política, e portanto um debate racional, eram transpostas para o nível da força bruta, para o espaço não-racional do voluntarismo extremo (o primeiro plano Collor) ou da animalidade (o físico resolvendo o político, o econômico, o social). Temos aí os dois extremos que classicamente fogem à dimensão humana:[5] ou nos rebaixamos ao bruto, espaço prévio às diferenças, à linguagem, em que a mera força resolve as questões, com os problemas brasileiros sendo entendidos como confusão linguageira[6] que a energia em estado puro poderá resolver, ao pôr cobro ao escasso vigor dos intelectuais, que divisam problemas onde não os há; ou nos alçamos ao divino, com uma figura heróica do porte, pelo menos, de um semideus, caso em que nossos problemas são vistos como tão complexos que somente uma intervenção *ex machina* lhes poderá trazer solução. Nos dois casos, porém, saímos da esfera da linguagem e da coisa comum: ou porque a lin-

4. Ver, para outra abordagem dessas questões, Marilena Chaui, "Público, privado, despotismo", in Adauto Novaes (org.), *Ética*, São Paulo, Secretaria Municipal de Cultura e Companhia das Letras, 1992, pp. 345-90; esse artigo, de 1991, foi dos primeiros a promover uma análise intelectual aprofundada do fenômeno Collor.

Ver também, de Nestor García Canclini, "Do público ao privado: a 'americanização' dos espectadores", em seu *Consumidores e cidadãos*, esp. pp. 189-90.

5. Nem deus, nem animal: esse *topos* reaparece constantemente, quer em Hobbes, quer em Rousseau, para não citar outros autores que definem a dimensão política e/ou humana como intermédia.

6. O dicionário diz "linguareira", que é pejorativo; interessante notar que o *Aurélio* não reconhece um adjetivo que apenas se refira, *descritivamente* e sem juízo de valor (no caso, negativo), à linguagem.

guagem seja demais, e contra ela deva valer apenas a força; ou porque seja de menos, e precise ser substituída por um espaço que é mais o da revelação, o da verdade superior àquilo que, no homem, é vão. O essencial, porém, é que, insinuando-se quer deus quer animal, o governante perca a esfera propriamente humana e política.

Foi essa a ameaça de despotismo inscrita no governo Collor. Embora eleito pelo povo, seu modo de proceder recorria ao que mais negava a política — se é válido pensá-la como a melhor via que até hoje se inventou para dar conta do fato de que o homem não é animal nem deus, de que não o move o mero instinto nem a pura verdade, de que tem em seu favor a capacidade de descobrir e criar, e em seu desfavor a falibilidade: e de que, portanto, pela linguagem e o diálogo vai abrindo caminhos que são novos, seu mérito, e falhos, seu risco.

Leiam-se assim as mudanças tentadas nos últimos meses do governo Collor. O ano de 1992 foi marcado pela tentativa de dar novos rumos a sua gestão, iniciada com a quase inesperada substituição do ministério no rumo de dois partidos centrais no espectro político brasileiro, um de centro-direita, o PFL, outro de centro-esquerda, o PSDB.[7] Não cabe aqui retraçar essa história, que só nos importa à medida que tenha sentido discutir o que seria do governo se os problemas familiares do presidente não deflagrassem a crise que resultou em seu *impeachment*. Tal questão tem relevância porque suscita a pergunta do que é fortuito, ou não o é, na história; mas é difícil fazer mais do que adiantar algumas hipóteses a respeito, o que tentaremos logo adiante.

No primeiro semestre de 1992, o voluntarismo de dois planos econômicos havia fracassado. Os ministros mais marcados

7. Embora o PSDB não tenha endossado o último ministério Collor, este incluía vários nomes de destaque no partido.

pela suspeita ou, simplesmente, pelo que uns apresentavam como arrojo, outros como irresponsabilidade, haviam cedido lugar a pessoas de maior sustentação, e mesmo a intelectuais: o gabinete se afastava da irracionalidade. A mudança de rota punha fim à teatralidade planejada, em que a fala do presidente à nação passava pelas camisetas de domingo e pelo destempero programado do porta-voz (ou seja, nos dois casos, pela negação do diálogo). *Acabava o heroísmo. Estava-se*, decididamente, *na prosa*. Para quem o lamentasse, e tivesse saudade do voluntarismo (lembremos que o presidente George Bush havia acolhido o recém-eleito Fernando Collor nos Estados Unidos chamando-o de "Indiana Collor"[8]), bastaria recordar que a prosa é o veículo mais adequado ao diálogo. Heróis não conversam. E política faz-se de prosa, nos dois sentidos da palavra.

Mas foi ao apostar o presidente na seriedade e no recato que o irmão veio a público desqualificá-lo. O recurso da divulgação

8. O que é bem curioso quanto à leitura que Bush possa ter feito dos filmes de Indiana Jones. O personagem de Spielberg é, antes de mais nada, um arqueólogo, um intelectual. O feito do cineasta consistiu em torná-lo simpático, embora servindo ao saber (causa que geralmente aparece aborrecida ao público de massa), graças a dois fatores. O primeiro é estar do lado do Bem contra o Mal, o que, porém, não passa da rotina nesse tipo de aventura. O mais interessante, porém, é o segundo fator: a *energia* que Indiana Jones utilizava nesta causa mista do saber e do Bem, e que constituía, como seu segundo ser, uma espécie de *cowboy* internacionalizado e intelectual.

Nem Bush nem Collor, porém, mostraram em seus governos simpatia alguma pelo estudo, pela dimensão científica de Indiana. Aliás, a fase "heróica" da presidência Collor distinguiu-se por forte e explícita aversão ao meio universitário, científico e cultural, aversão essa depois contida, desde o momento em que começou a buscar credenciais que o fizessem respeitável.

Em suma: Indiana Jones, na referência de Bush, é um herói mais da força que do conhecimento. Em Collor, o que Bush saudava não era o saber, mas a energia — que, significativamente, o presidente brasileiro viria a desmerecer, confundindo-a com a mera força ou saúde física.

da matéria pessoal, que serviu ao candidato e ao presidente heróicos, passou a ser manejado, com efeitos graves, contra o presidente discreto cuja exibição se deslocava do próprio corpo — em esportes arriscados — para um livro de Bobbio, que ele expunha aos fotógrafos quando subia no helicóptero oficial, ao mesmo tempo que começava a falar em diálogo.

Sem podermos decidir a questão da fortuidade ou necessidade no fim que teve o governo Collor — ou seja, sem podermos saber se ele teria cumprido o mandato inteiro não fosse vir a lume o descontentamento do irmão —, cabe porém uma hipótese a respeito. Não haverá um *risco* extraordinário na excessiva teatralização do poder? O caráter espetacular das decisões iniciais, na verdade, marcava um voluntarismo extremo: um presidente, sem sustentação orgânica na classe cujos interesses representava, efetuava assim uma *fuite en avant*, uma compensação de sua falta de apoios mediante gestos ensaiados e um imaginário induzido; a dificuldade das classes burguesas em definir projetos para o Brasil enfrentar a inflação, seus problemas sociais e suas dificuldades no mercado mundial, levava-as a apoiar, com maior ou menor entusiasmo, um aventureiro a quem pouco conheciam.

A partir disso, podemos propor algumas conclusões. Primeiro, a imagem de uma presidência recatada não se concilia com recursos publicitários. Há um perigo em ganhar eleições com uma boa agência: Miriam Cordeiro[9] é uma faca de dois gumes. Devendo a vitória eleitoral ao uso moralista de denúncias duvidosas contra seu adversário, Collor escancarou seus

9. A ex-namorada do candidato Lula, a qual na última semana da campanha apareceu nos programas de Collor para acusar seu antigo companheiro de ter-lhe proposto um aborto. Essa intervenção foi devastadora para a campanha da esquerda, até então favorita nas sondagens de opinião pública.

flancos para o momento em que a imprensa e a opinião pública começassem a acusá-lo de crimes, que foram sendo comprovados e se mostravam bem mais graves que a suposta falha moral que apontara no concorrente. Como no pensamento político moderno ninguém é sem pecado, sem jaça, melhor seria aceitar a exclusão da governação de qualquer heroísmo, e apostar no banal, esperando-se atos de governo de menos brilho e mais efeito. O prosaísmo poderá, quem sabe, ter o resultado de fazer descer a política, das dimensões pretensiosas em que se alojou — a do herói, a do semideus — à terra: será, assim, o meio de dar residência à política no lugar que é seu, o dos homens.

Com isso, *podemos desenvolver a questão da fortuidade*, antes sugerida (o que teria sido de Collor não fossem as denúncias do irmão?), perguntando o seguinte: substituir o público pelo publicitário não será um caminho arriscado e sem volta? Temos, no governo Collor, a distância entre duas publicidades: uma favorável ao governo, por ele suscitada e mesmo paga, que se exprimia na encenação da força física — melhor dizendo, de uma positividade que não remetia a nenhuma virtude moral ou política, mas se reduzia ao mero abuso da animalidade —, e outra publicidade, que lhe foi fatal, quando o irmão veio a público denunciar o presidente como pessoa pública, por corrupção, e como pessoa privada, por atos quer ilegais, quer imorais — nem todos, porém, de relevância para a sociedade brasileira, como os que se referiam a sua vida sexual.

Evidentemente, se a primeira publicidade corresponde àquilo que alguns publicitários superficiais expressam quando, em anos eleitorais, dizem que vão vender seu candidato como uma mercadoria, como um produto, a segunda é publicidade simplesmente no sentido literal — embora menos usado que o primeiro — de "dar a público", até porque as denúncias contra Collor não tiveram a seu favor o aparelho de financiamento que presidiu a sua publicidade de campanha.[10] Mas talvez se possa dizer que a publicidade terminal estava em germe na inicial; que a sacralização ou a energização animal do governante foram o que permitiu, depois, sua condenação; que, ao excluir-se do político, do espaço mais ou menos igual dos homens, em seu início heróico de governo, Collor criou as condições para depois ser ejetado do cargo, ao fracassar na solução, ao esgotar-se a energia, ao desmoralizar-se o heroísmo e a divinização.

Se esta leitura tem cabimento, o final algo melancólico do governo deixa de ser tão fortuito quanto aparentou ser. A própria troca do ministério por um mais prosaico e moderado, em vez de ser contrariada por denúncias supervenientes e inesperadas, passa a expressar a mesma lógica de exaustão do fantástico e de queda no real, em suma, de *prosaicização*. Bom exemplo disso se tem na espantosa nota do ministério, em agosto de 1992 — ou seja, no meio da crise que resultará no *impeachment* —,

10. Curiosamente, uma das reações conservadoras em defesa do presidente acusado passava exatamente pela teoria da orquestração ou da conspiração nas denúncias *contra* ele. A esse respeito, convém fazer uma distinção. Por um lado, é certo que para destituir o presidente não bastariam as acusações que lhe foram feitas, muitas delas em circulação havia muito tempo, sendo necessário somar-lhes a frustração da classe média e a desconfiança do empresariado. Mas, por outro lado, o movimento pelo *impeachment* foi importante exatamente porque fez passar, *à frente dos interesses* em sentido estrito, uma ação da opinião pública e da parte livre de nossa imprensa: não fosse o empenho de ambas, e em especial o dos jovens, o meio empresarial teria preferido que o presidente ficasse no poder.

O ceticismo conservador contenta-se com a primeira parte destas considerações, que se refere à organização talvez *conspirativa* das ações, e desqualifica toda a segunda parte, que diz respeito à *liberdade*; na verdade, ele hipostasia a primeira parte. Com isso, porém, não estará apenas se refletindo num espelho, na medida em que coloca seu próprio modo de proceder — a negociação feita em particular, não em público — como o único possível, e desconsidera formas outras, e novas, de construir a coisa política?

em que os ministros afirmam ao mesmo tempo que são honestos e que nada têm a ver ou em comum com o presidente que os nomeou: nesse momento, juntam-se todos os traços da exaustão. O mandatário, forçado a substituir seus auxiliares por nomes que fogem a seu convívio, tem ao mesmo tempo de ouvi-los lavar as mãos de seu destino. Para continuarmos recorrendo a instrumentos literários, notemos que o fim do governo nada tem de trágico, sequer de dramático; quando muito, será patético. Talvez convenha notar que, ainda que Collor fosse absolvido e reintegrado no cargo, ele estaria desmoralizado. Seu governo acabou em farsa, e não em tragédia, se quisermos, por exemplo, compará-lo ao de Getúlio, o único presidente anterior forçado a abandonar o cargo sob intensas acusações de corrupção.[11]

Um segundo ponto, e este menos animador, é que a solução da crise quase permanente que foi Collor na presidência tenha passado, tanto, por sua família. Em certos momentos, aliás, os dramas do país se concentraram em dramas da família, os quais

11. Como alguns leitores meus serão de esquerda, e parece quase automático neste caso citar a passagem de Marx que abre o *Dezoito Brumário* (Hegel disse que os acontecimentos históricos se dão duas vezes; esqueceu-se de acrescentar: da primeira vez como tragédia, da segunda como farsa), anoto que o final de Getúlio constitui uma espécie de tragédia básica da modernização brasileira, que em pelo menos dois momentos decisivos se vê imitada. A imitação de seu destino tem, então, se não um sentido farsesco, pelo menos uma *quebra* ou queda da qualidade trágica: Tancredo, como Getúlio, morre e enluta o País; Collor, como o antigo ditador, é ejetado do poder sob acusações de corrupção. A riqueza de Getúlio está em que, reduzido até 23 de agosto de 1954 ao papel de Collor — ou seja, do acusado, do condenado pela opinião pública —, sua escolha consciente, na madrugada que se seguiu, de um encontro com a morte lhe granjeia de novo as simpatias populares. Seu suicídio lhe confere, e a seus partidos, uma sobrevida. É um Collor que se tornou Tancredo — com a diferença de que, sendo ele, Getúlio, o modelo, seu êxito foi duradouro, ao contrário do de seu ministro da Justiça. Nem Collor, acusado, soube reverter as acusações, nem Tancredo, morrendo, pôde converter-se em herói nacional.

quem tentava resolver era a mãe. Foi ela quem retirou do "querido filho Pedro" os negócios da família, tentando devolver ao lar questões que desagradavelmente se tornavam públicas. Mas foi também ela — embora, paradoxalmente, num espaço público (a revista *Veja*) e pedindo aos leitores que a apoiassem num apelo ao filho — quem, no início do governo, levou o presidente a desistir dos esportes perigosos. Dona Leda militou pelo recato. Não sabemos o que terá achado do episódio Miriam Cordeiro, mas condenou tanto a publicidade, então bem-sucedida, do presidente herói que "tinha a força", quanto a publicidade, nefasta para a família, do filho Pedro. Um dos sinais mais fortes de que a política brasileira naqueles anos tenha imitado a arte — e sobretudo a forma de arte tipicamente nacional, a telenovela — está no fato de que, tão logo a Câmara de Deputados aceitou a acusação contra o presidente, sua mãe entrou em coma. Deixava então de funcionar o sustentáculo familiar para a corrupção, o sistema, tão tradicional, de encobrimento dos assuntos desagradáveis, a recusa a lavar a roupa suja em público.[12]

Com esse roteiro talvez tenha começado a mudar não apenas a apropriação privada da coisa pública, de que tanto se fala, mas também sua apropriação *familiar*, que na verdade desdobra, amplifica e preserva a primeira. Aqui temos um matiz especial: o papel que alguém, em especial a mãe, representa a fim de impe-

12. Alfredo Bosi observa que o vínculo do presidente Collor — que no início de sua carreira política usava apenas o sobrenome paterno, sendo assim conhecido, numa canção que Martinho da Vila fez em sua passagem por Maceió, como "Fernando Mello" — com o avô era muito fraco, a ponto de, passando ele por São Leopoldo (RS), onde Lindolpho Collor está enterrado, não conhecer o cemitério. É interessante notar que Fernando Collor iniciou a destruição da obra do avô em matéria de legislação trabalhista. Isso, aliás, suscita outro paralelo, já que o presidente Fernando Henrique se empenhou em destituir parte da obra nacionalista de seu pai, um dos maiores defensores do monopólio estatal do petróleo.

dir que os conflitos internos venham a público, que a corrupção e o autoritarismo se revelem. As iniciativas da mãe, aliás, foram inteiramente conformes à tradição. Ela pediu recato ao filho presidente que teimava em ser esportista, e mais tarde procurou impor silêncio ao filho empresário que se obstinava em vozear suas queixas. Nos dois casos, pretendia preservar o nome da família pela suspensão das falas.

Essa atuação era, pois, bastante significativa do que há de duvidoso na política brasileira: que a recusa a pautar a política por acontecimentos da esfera íntima (sexualidade, drogas) não viesse da opinião pública, que com isso assinalaria seu intento de tratar das questões políticas com a merecida seriedade — prosaica, é claro —, mas da mãe, que assim agindo indicava a submissão da coisa política ou pública aos interesses do patrimônio pessoal ou familiar. Tivemos portanto uma mostra da fragilidade de nossa dimensão pública, expressa no fato de que vinha a público, para deter a lavagem de roupa suja, a figura que tradicionalmente melhor exprime a força da vida privada, a mulher que deu à luz. Mas que aparecia, não para defender os valores da vida pública (lisura, racionalidade) contra sua possível corrupção, porém a fim de garantir a jurisdição da família sobre sua sujeira, de assegurar que uma parte dos negócios públicos continuasse a ser tratada como questão de família.

Contudo, essa tentativa da mãe foi baldada, e disso talvez retiremos um prognóstico moderadamente otimista para o país: se for possível constituir um espaço da discussão política entre nós, isso ocorrerá à medida que se redefinirem o que é público e o que é privado, o que exige repensar o estatuto, um por um, de inúmeros territórios da vida ética. Haverá que repensar o lugar da sexualidade, o dos vários poderes, e até o do amor, nesse redesenhar as fronteiras entre o que tem de ser preservado pessoal a todo custo e com todo o direito, e o que precisa ser exposto e debatido por todos a quem interessa. Haverá também que estabelecer diferenças por vezes delicadas, que mostrarão como "o público" e "o privado" não são dois conceitos bem definidos de uma vez por todas, mas têm, cada um deles, vários sentidos, portadores de tensões que serão, aliás, a medida de sua riqueza conceitual. Vimos, assim, no início que "público" tanto pode referir a natureza da coisa comum quanto a posição passiva dos espectadores. Será preciso ver ainda outros sentidos que terão os termos de que nos valemos. Finalmente, a par deste esforço teórico, será necessário lembrar que estaremos lidando com paixões talvez ainda pouco elaboradas, de forte teor explosivo; e que o mínimo a fazer é nos mostrarmos preparados para a violência — ou, se tivermos sorte, apenas para a veemência — desses conteúdos passionais, à medida que forem expostos à luz da discussão.

Se no caso Collor tivemos a discussão entre público e privado num registro mais tradicional, contrapondo-se a definição de um espaço político e sua apropriação patrimonialista, com o luto nacional por Ayrton Senna[13] veio à luz a possibilidade de uma outra discussão — a de como um particular carreia, para si, emoções que lamentam não conseguir ser públicas. Um tema recorrente na semana da morte de Senna foi o de sua comparação com os homens públicos. Leitores reclamavam, em cartas a jornais, que tivesse ele morrido, e não um político; ou que fosse exposto na Assembléia Legislativa, lugar, diziam, abaixo de sua dignidade;[14] ou que políticos se utilizassem de seu funeral para

13. Esta parte do texto foi inicialmente redigida sob o impacto da trágica morte de Senna, na pista de Ímola, em 1º de maio de 1994.

14. Qual deputado, perguntou o autor de uma carta a *O Estado de S. Paulo*, mereceria ser velado no autódromo de Interlagos?

tentar a conquista de votos. Mais que isso: Senna aparecia como modelo *positivo*, e os políticos como padrão negativo, do exercício efetivo do poder. As qualidades do campeão, em especial seu sucesso como fruto de uma dedicação ao trabalho, apareciam como aquelas que os homens públicos deveriam ter, e não têm.

Contra o homem público, como aquele que trabalha (ou diz trabalhar) pelo bem comum, valorizou-se — mais uma vez — o homem público, mas como aquele que se expõe aos holofotes, cuja vida consiste, sobretudo, em fama, tendo assim forte interface com o mercado publicitário. O moderado otimismo exposto a propósito da destituição de Collor assim se reduz, quando o modelo que se propõe para a política volta a ser o publicitário. Sinal dos tempos, quando no esvaziamento dos políticos prosperam os homens da *mídia* — naquela mesma época Berlusconi na Itália, um cantor de salsa no Panamá, um ator nas Filipinas.[15]

Some-se um segundo traço. Além de personagem exposto na publicidade, Senna era um homem da ação privada. Suas iniciativas eram cuidadosamente medidas pela lógica da empresa. Teve atos de caridade e de solidariedade, que foram revelados nos dias e meses que se seguiram à sua morte. Um empresário americano, muitas vezes, constitui com parte substancial de seus bens uma fundação voltada para fins sociais, culturais ou mesmo científicos. No Brasil, isso é raro.[16] E não espanta que

15. O leitor acrescentará, a qualquer data em que leia este artigo, os nomes do momento. Infelizmente isso não muda muito.

16. Uma fundação foi criada, com parte do patrimônio de Ayrton Senna e seu nome, para promover causas sociais. Isso é raro no Brasil, repito — e nesse ponto o gesto de Senna e de seus herdeiros foi inovador, além de louvável. Tal fato, porém, somente se conheceu tempos depois de sua morte. As reações populares que aqui analiso ocorreram sem se saber disso — e, como não estou tratando da pessoa de Senna mas de sua imagem pública, continua valendo, para a recepção social de sua *persona*, o que aqui afirmei.

assim seja, num país em que a relação entre o privado e o público vai quase sempre no sentido de extrair do segundo em benefício do primeiro, *a contrario* do que ocorre na suposta pátria do mundo privado, os Estados Unidos, onde é freqüente a riqueza privada alimentar fins públicos, em especial na área científica e cultural.

Mas, seja como for, a questão que aqui cabe levantar é a seguinte: em que medida a ação privada, mesmo bem dirigida, a empresa, mesmo bem gerida, engendram um ideal a ser transposto para a gestão da coisa pública? Sem dúvida, há critérios de qualidade e de produção que têm de ser importados da empresa para o Estado — e não são poucos. Contudo, essa adoção de meios validados em outro campo não pode suprir a necessidade de atender a fins que, estes, são bem diferentes dos privados.

Convém insistir neste ponto, não para criticar Senna, mas para estranhar sua constituição popular como modelo para os homens públicos. Eis o que aponta a extrema dificuldade de nossa *opinião* — ainda que *pública* — para definir o que é a *coisa pública*. O sucesso tem servido, freqüentemente, de critério para dizer que alguém poderia cuidar do Estado. Ora, se é bom que empresários entrem na arena política — em parte porque explicitam a defesa de seus interesses, em parte porque passam a ter visão mais global do engate dos interesses privados nas necessidades e anseios públicos —, não é nada bom que esse ingresso se dê sob mais uma forma de abdicação da opinião pública, de aposta na salvação. Quando se apresenta um bom gestor ou uma pessoa bem-sucedida como paradigma, o que fica faltando é exatamente a noção do que se espera do Estado e da esfera política. Quando o meio é alçado a solução, perde-se a noção de quais devem ser os fins.

Porque, nesses casos, o que se espera do Estado e do político é justamente seu *esvaziamento*. Não se sabendo como ocupá-los ou democratizá-los, propõe-se que desapareçam, em favor de algo extremamente vago. Não temos, aqui, nem a velha proposta socialista da extinção do Estado, substituído pela organização espontânea dos produtores, isto é, dos trabalhadores, nem o ideal, hoje em voga entre os neoliberais, de um Estado mínimo, ou seja, que se restringe ao menor rol possível de funções daquelas que chegou a ter, abandonando, em especial, a esfera da produção. Há argumentos em favor de ambas essas críticas ao Estado. Mas o que temos aqui é algo mais forte e mais grave: é *o Estado vazio*.

Terceiro ponto: a ação que se celebra na evocação do herói é privada, sim, mas também *enérgica*. Senna não foi um empresário que, além disso, se fez corredor, mas um corredor, um campeão que se duplicou de empresário. Sem dúvida foi, de nossos esportistas, o que mais cedo e de maneira mais sistemática se tornou homem de empresa. No seu esporte, a Fórmula-1, Emerson Fittipaldi foi primeiro campeão e só depois investiu as forças na empresa, ao passo que Nelson Piquet nunca dedicou aos negócios atenção comparável, sequer de longe, à de Senna. Ainda assim, na representação popular que descrevi do campeão morto, o que ressalta é menos a lógica dos negócios do que a energia, a perfeição na *performance*. Ora, não é essa outra forma de delegar a resolução de nossos problemas a alguém erigido em herói, ou mesmo, na inflação que marca nossa linguagem, super-herói? Seu sucesso estava na perfeita fusão do homem com a máquina, ou no domínio dela pelo homem. Não temos aqui, mais uma vez, a redução da questão política a uma tecnologia?

Um parêntese se impõe. Falei no herói, e em sua exacerbação como super-herói. Constitui curioso sinal dos tempos presentes que essas figuras se tenham tornado, aos olhos das crianças e adolescentes que as conhecem pela televisão, marcadas pelo êxito e pela força. (Não se trata de poder, mas de força física, a serviço do bem — um pouco como Indiana Jones, nos termos em que Bush o pôde entender.) Ora, o herói é tradicionalmente um primo leigo do mártir, ou seja, alguém que deve sua condição exemplar e superior a um sacrifício ou a uma derrota. Heróis perdem batalhas ou, se as ganham, é à custa da própria vida. Sua grandeza está em trocarem o bem pessoal pelo coletivo, em abrirem mão da matéria ou da vantagem individual em favor de valores mais altos. Eis o que se tornou impensável, em nosso mundo: a televisão constituiu como heróis uma penca de personagens de histórias em quadrinhos que sempre vencem. Enfrentam o mal e vencem-no. Não há derrota, não há perda do lado do bem. Ou seja, da tópica do heroísmo conserva-se a idéia de que existem valores elevados, mas não a de que eles possam ter um custo igualmente elevado.

Mas, se é assim que se percebe hoje o heroísmo, como fica a maneira quase paradigmática entre nós de lidar com a grandeza, a exemplaridade, a ação transformadora, que — tenho insistido ao longo deste livro — passa pelo *luto*? Afinal, temos aqui uma possível matriz para o heroísmo, já que o luto é o choro pela perda. Sem dúvida, a seus bem distintos modos, Iracema, Carmen Miranda, Getúlio e mesmo Tancredo foram apontados como heróis, ou grandes da pátria, cuja perda era sentida como bloqueando nossas possibilidades de ação. Em outras palavras, é pouco compreensível somar a idéia da pátria como pranto, que antes desenvolvi, à do herói que nunca, nada, perde.

Contudo, talvez o problema esteja justamente nessa soma impossível. Nossos heróis deveriam correr de êxito em êxito — daí, a importância do corredor de Fórmula-1, e em especial daquele que brandia a bandeira nacional e além disso enxergara Deus na pista de corrida — mas o triste é que, em certo momento, eles fracassam. Esperamos muitíssimo deles — a pátria recuperada, a marca divina em nosso País, uma idéia de "povo eleito" ainda que em chave atenuada[17] — e lidamos mal com a frustração nesta expectativa. *Lidar mal* não quer dizer *sofrer*. Lidar mal é não aprender com a experiência de perda. Seria mais que tempo de adotarmos a lição brechtiana, no *Galileo Galilei*, de que infeliz não é a pátria que carece de heróis, mas a que deles *precisa*. O resultado é essa oscilação permanente, entre a esperança da salvação e a experiência da frustração. O resultado é, ainda, a experiência *como* frustração, já que a realidade que em nós se abate — aquela da qual Sergio Buarque comentava, nas *Raízes do Brasil*, que sempre adjetivamos como "dura realidade" — não é reciclada como aprendizado. Toda realidade é dura, ou seja, toda experiência é frustrante. Daí, certamente, o que tenhamos de bovarismo, de fantasia, de investimento no salvador: chaves paraliterárias, como a da novela, assim funcionam bem aqui. Porque pouco aprendemos com a frustração.[18]

Voltando à passagem em que se apontava Senna como modelo positivo, e os políticos como negativo, do exercício do poder, vê-se como se confunde *potestas*, o poder na política, com *potentia*, o poder enquanto força. As questões de dominação sobre os homens reduzem-se ao domínio sobre a máquina. Mandar nos homens requer o consentimento deles.[19] Exige, por-

17. Temas como "Deus é brasileiro", ou país "abençoado por natureza", são muito fortes em nosso imaginário.

18. Para uma interessante abordagem lacaniana da recusa brasileira da frustração, ver Contardo Calligaris, *Hello, Brasil*. Minhas discordâncias desse livro — penso que seus capítulos se estruturam na seqüência entusiasmo, reflexão, crítica, da qual o último momento representa a restauração de um modelo europeu de compreensão das coisas — não me impedem de reconhecer sua qualidade.

19. Até no próprio Hobbes, de quem tantos equívocos se falam: muitos pensam que ele defenderia a submissão absoluta, o totalitarismo, o silenciamento completo do indivíduo. Mas ele deixa claro, no final do cap. X do *Leviatã*, que nenhum poder existe sem algum consentimento do dominado.

tanto, negociação, compromisso, em suma: o reconhecimento do outro como igual. Mandar na máquina,[20] se é certo que não é lidar com a mera passividade, resume-se porém em enfrentar uma imprevisibilidade que é apenas a do residual, do aleatório, e não a da liberdade humana, a qual sempre resulta da ação de alguém que sabemos ser nosso igual. O que frustra nossos desejos, no contato com as coisas, é *menos* do que aquilo que nos frustra no contrato com os homens: porque, mesmo que a distância entre o anseio e o resultado seja a mesma, num caso ela não passa de frustração, de um menos em relação ao que queríamos, ao passo que no outro, por trás desse negativo que fere nossas expectativas, delineia-se algo positivo, a vontade, o desejo, a liberdade de outro homem. Erigir, então, em modelo de ação um campeão de energia significa o quê, senão negar o mundo que é propriamente dos homens, com suas dificuldades e percalços, para substituí-lo por um que seja das soluções literalmente de força: mágicas, umas, brutais, outras, tecnológicas, as mais limpas?

Será o caso, assim, de assinalar a dificuldade da sociedade brasileira em lidar com a *potestas*, com o mundo dos homens, seu desejo desesperado de trocá-lo pelo mundo, mais fácil, das coisas. Não será que, por trás — ou em detrimento — da afetividade que sempre tivemos por traço excelente da nacionalidade, ressaltará, mais e mais, um anseio de largar o convívio com os homens para ter o das máquinas, o das coisas? Não desejaremos, no fundo, deixar essa complicação que é ter de lidar com iguais, que são, ensinou-nos Kant, fins, para mexer, apenas, com a matéria, com meios?

20. Hannah Arendt alerta para o risco de se confundir o mundo da interação humana (que é o da práxis) com o da fabricação, no qual lidamos com coisas (o mundo da técnica).

O Brasil pela novela

Para Roberto DaMatta

A política brasileira pauta-se em larga medida pelas novelas. Foi em *Fera ferida* (1993/94), por exemplo, que ficamos sabendo o nome da nova moeda, o real, bem antes que o governo o anunciasse. Assim, num capítulo a personagem Linda Inês (interpretada pela atriz Giulia Gam) referia-se a políticos corruptos, que roubavam "milhares de reais"; noutro episódio, algumas pessoas entravam e saíam de uma quitanda, onde compravam legumes e frutas por valores que eram de dois, três reais e alguns centavos. À surpresa pelo surgimento de um novo nome de moeda somava-se a mudança na quantidade, porque esses eram tempos de inflação, em que os valores facilmente passavam do milhão: em cruzeiros certamente nada se compraria por uma unidade ou poucas — nem sequer a fruta ou o legume, aquilo que está mais perto da pureza natural e da essencialidade do alimento — e nada se roubaria por apenas um milhar ou alguns — sobretudo quando o dano é causado à coisa pública, ao mundo em que os políticos destroçam o bem comum que deveriam construir. A nova moeda foi anunciada pela novela. Só depois é que as autoridades econômicas vieram a público revelar, melhor dizendo, *confirmar* o seu nome.

Saíamos, naquela época, havia pouco do governo Collor. Este adquiriu um caráter francamente novelesco. (Recorda-se o conto de Borges no qual um homem passeia um caixão vazio, pela Argentina de fins do peronismo, acreditando-se Perón, apresentando o esquife como se contivesse Evita, e recebendo crédito do povo: nessa história, "incrível mas [que] ocorreu", "está a cifra perfeita de uma época irreal, e é como o reflexo de um sonho ou como aquele drama no drama, que se vê em Hamlet".[1]) Esse tom de novela aqui apareceu um pouco em toda parte. Esteve presente, antes de mais nada, no modo como uma emoção superdimensionada fazia as vezes de cimento a unir o povo, a sociedade, a nação, o País (termos que então se somaram) a seu primeiro presidente eleito. A tópica da juventude, do dinamismo,[2] resultava num excesso de emoções, de sentimentos, que por sinal davam ao debate político, polarizado entre esquerda e direita, intensificado pelo dilema entre a hiperinflação e a recessão, um espaço no qual os conflitos se acirravam ainda mais. Era novelesca a dedicação de seus partidários ao presidente (o caso da *socialite* paulista que contava à imprensa ter sonhos eróticos com Fernando Collor), como o era parte da irritação da esquerda com ele.

A rigor, porém, seu governo não foi todo de novela. Esse elemento era forte: a mãe pedindo ao povo que escrevesse ao filho presidente, para que não pusesse a vida em risco, nos espor-

1. "El simulacro", in *El hacedor* (1960), Buenos Aires, ed. Emecé, pp. 20-1.

2. Diante da inflação, prometeu o novo presidente soluções de força: as imagens do tiro certeiro no tigre, do golpe de karatê que elimina o adversário, a audaz afirmação, no discurso de posse, de que urgia "vencer ou vencer".

tes radicais; a ostentação bastante cafona da Corte; as denúncias do irmão, convertendo a política numa espécie de conflito de Átridas; num primeiro final da tragédia, quase em paralelo com o processo e a destituição do presidente, a crise de sua mãe, sua internação, longo coma e morte;[3] num segundo, coincidindo por poucas horas com o *impeachment*, o horrível assassinato de uma jovem atriz de novela, Daniela Perez, assunto que dividiu as atenções e tisnou de intensa dor o alívio e satisfação sentidos pela condenação do presidente; num terceiro final, inesperado e espantoso, o assassinato de seu tesoureiro, P. C. Farias, anos depois, em 1996, numa praia de Alagoas.

Mas o governo Collor não foi só novela. A partir de um certo momento o registro exaltado foi cedendo lugar a uma fala mais sensata, racional, equilibrada. Apreciador dos significantes, nesse momento o presidente exibiu — raro gesto de simpatia intelectual num político que preferia os sinais externos da força aos do diálogo — o *Dicionário de política*, de Bobbio. E excluiu do ministério quem restava do seu tempo heróico, da conquista quase inverossímil da presidência por um pugilo de *outsiders*, da guerra à inflação: tentou então uma política feita de prosa, e não mais de épica.[4]

Por outro lado, combatendo essa novela, veio todo um trabalho de *prosa*. Era prosa a paciente investigação de jornalistas e

3. Quero deixar claro o respeito que tenho pelo sofrimento das pessoas envolvidas, em especial nos casos que resultaram em morte. A referência à novela diz respeito aqui, apenas, ao modo como esses acontecimentos foram vividos por um vasto público, acostumado a ter a ficção televisiva como padrão para dar conta de tudo o que acontece.

4. Ver o artigo "Uma política sem políticos: Collor e Senna".

O leitor terá percebido que a opção pela prosa coincidiu com a tentativa do presidente de tornar o PSDB seu partido de sustentação, em começos de 1992, o que só falhou devido à oposição do senador Mário Covas.

opositores, procurando desmontar uma rede de corrupção. Um dos melhores momentos de nossa imprensa foi esse trabalho de jornalismo investigativo, que desmontou o imaginário e o ilusionismo do presidente. De certa forma, tudo o que então vivemos se poderia ler como uma luta de formas de linguagem. Collor jamais deixou de ser, em alguma medida, épico. Contudo, ao longo de seu mandato percebeu que teria de conciliar, de chamar para o ministério ex-ministros de governos anteriores (que prometera não recrutar), de matizar, dialogar. Era tarde, porém, e a prosa que tentou trazer para o governo não venceu as vozes das ruas. O Brasil efetuou, nos meses que durou o seu processo, intensa catarse: ajustou certas contas com a figura do salvador desconhecido, aquele em quem acreditava justamente por ser improvável, aquele que realizava à maravilha a idéia medieval da crença no absurdo.[5]

Esse ajuste de contas passou, melhor dizendo, por duas linguagens. Por um lado, e a médio prazo, a *prosa* foi-se fortalecendo, até triunfar, com o Plano Real e o governo Fernando Henrique Cardoso — um de cujos traços e, quem sabe, curiosos méritos consiste, justamente, em não despertar entusiasmo. Assim, a épica cedeu a um registro mais banal, de poucas paixões veementes, mas por isso mesmo mais apropriado ao diálogo democrático. É a vitória de uma prosa habermasiana, com suas qualidades mas também defeitos, dos quais o maior está em acreditar que ocorra diálogo e democracia quando, na verdade, está havendo manipulação e ideologia.[6]

5. Refiro-me, claro, ao *credo quia absurdum* dos teólogos. "Creio porque é absurdo": se não o fosse, não precisaria da crença. A fé é inseparável do absurdo.

6. É comum entender-se a política — ou a democracia — como a limitação que a palavra impõe ao uso da força. Isso pressupõe, porém, uma linguagem "limpa", quase que puramente denotativa. Critiquei esse pressuposto, lembrando que a linguagem é, para seu lado digamos "negativo", carregada de ideologia,

Houve, também, outro enfrentamento de linguagens, e aqui leio a catarse. Consistiu este na contestação à epopéia presidencial por uma *outra épica*, a das ruas. Um entusiasmo rapidamente galvanizou o País, em especial a juventude — um entusiasmo inesperado (poucos meses antes eu mesmo escrevera na *Folha de S. Paulo*, em resposta à pergunta se o prolongamento da crise apontava para um movimento do tipo *diretas-já*, que *não*: uma das vezes em que me senti feliz de haver errado[7]).

Jamais a destituição de um presidente poderia ser habermasiana, ou racional, ou feita de prosa. (Talvez por essa razão nosso maior político da prosa e do prosaico, o então senador Fernando Henrique, não a desejasse.) Para ela era preciso *pathos*, muito *pathos*, mas não mais o da novela governista. Foi necessário sepultar o entusiasmo que, três anos antes, o caçador de marajás suscitara, fazendo entrar em cena um novo entusiasmo, o de sua denúncia: eis por que em questão de dias as cores da bandeira, que o presidente tentara seqüestrar para a sua defesa, foram resgatadas pelos *caras pintadas*.

Aliás, já essa idéia de "resgate" mostra que se passava uma sistemática — embora nem sempre consciente — reapropriação

---

e, para seu lado por assim dizer "positivo", portadora de poesia e utopia, no artigo "A palavra democrática: ou da utopia da necessidade à utopia poética", na *Revista USP*, 37 (1998), pp. 102-7. O artigo em questão abriu um colóquio sobre A Palavra Democrática, que teve lugar na Maria Antonia/USP em abril de 1997; alguns dos textos então apresentados aparecem no mesmo número da *Revista USP*.

7. *Folha de S. Paulo*, 18 de julho de 1992, p. 1-3. Tratava-se de resposta à pergunta do jornal "O prolongamento da crise [gerada pelas denúncias de Pedro Collor contra seu irmão Fernando] aponta para um movimento do tipo 'diretas-já'?". Roberto Romano respondeu que sim: "Grupos de jovens e de setores liberais (inclusive no empresariado) se movimentam. Caso encontrem formas de luta e palavras de ordem inteligentes, com certeza comoverão milhares de homens e mulheres espoliados, hoje, pelo governo e seus serviçais, do direito à informação e ao livre pensamento. Quem viver, verá". Vimos.

pela sociedade daquilo de que fora expropriada: a epopéia de 1989, as cores nacionais, e até mesmo um nome, "caras pintadas", que na vizinha Argentina pertencia aos facínoras que tentavam acabar com a democracia, mas aqui se tornou dos jovens que a defendiam. Por isso falo em *catarse*. Uma nova épica precisava ser vivida em escala nacional, para que a anterior, a enganosa, fosse destituída.

Vê-se qual é o pressuposto, aqui: que uma épica enganosa não se destitui pelo simples trabalho (habermasiano, digamos, ou iluminista) da razão, mas requer um paralelo — e mais intenso — esforço afetivo, que passa por uma *nova* épica. Ou, pelo menos, assim transcorreram as coisas no País. Talvez, em outros lugares, uma épica se possa desfazer por um trabalho mais seco da prosa; aqui, não se pode, ou pelo menos não se pôde. É significativo que tenha precisado, esse desfazer de uma ilusão, de uma linguagem *afetiva* que lhe permitisse engrenar-se, e que algo dela proviesse da mesma fábrica de ficções que dera ao presidente parte de sua linguagem: refiro-me à série de televisão *Anos rebeldes*, de 1992, que funcionou como o contraponto da novela *Que rei sou eu?*, que, no ano de 1989 e na mesma rede Globo, fizera valer a imagem do jovem príncipe salvador da pátria.[8] A novela engana, sim, mas — sobretudo — dá forma aos afetos, canaliza-os para que se efetivem em razão, em ação política.

Entre 1993 e 1994, às vésperas portanto do Plano Real e da

8. Essa novela, inicialmente destinada a comemorar os duzentos anos da Revolução Francesa, mostrava um antigo regime inteiramente corrompido — com perucas empoadas e pena de morte —, o qual era enfrentado e vencido por um jovem príncipe antes esbulhado de seus direitos. À medida que teve sucesso, a novela foi reprisada, no horário vespertino, no mesmo ano, pouco antes das eleições presidenciais. É interessante que ela tenha sido reciclada assim tão rapidamente, passando da Revolução Francesa para a eleição brasileira.

campanha eleitoral que viria consolidar a atual hegemonia da prosa na política brasileira, *Fera ferida* cumpriu papel significativo. Era tanta a corrupção na pequena cidade de Tubiacanga (uma óbvia alegoria do País) que as soluções humanas se revelaram incapazes de dar conta de tanta iniqüidade, e o — por assim dizer — desenlace da "história" se produz por um ato da *natureza*: uma terrível tempestade que a tudo destrói.

O mundo humano, da cultura, da política e da história, culmina — pelo mal em que se enredou — nesse juízo que a natureza, ou talvez Deus, emite sobre ele. É esse o final da novela, que só não desespera por duas razões. A primeira é que nele se mesclam um teor cômico e um justiceiro. A segunda é que faz parte de muitas novelas, como a de Collor, terem não apenas um fim, mas dois — um primeiro final que mais ou menos arremata as tensões e entrechos nela desenvolvidos, outro que é um epílogo, um pós-final, quase *ex machina*, em que o caráter arbitrário das escolhas do dramaturgo fica mais assinalado, mas, ao mesmo tempo, em que a simpatia do espectador é mais bem atendida. Como se tivéssemos um final realista e um de realismo mágico — um segundo a verossimilhança, adequado à lógica da narrativa, e outro mais livre, firmado numa ilógica do desejo.[9]

Ora, o que esse segundo, definitivo e curto final mostrava

9. Possivelmente a invenção de vários fins para a novela nasceu ou se consolidou com *Roque Santeiro*, a primeira novela da Nova República: todos sabiam que haviam sido gravados dois fins, um em que o herói conquistava seu par romântico, outro em que ela se ia com o amante ricaço e reacionário. Um suspense se constituiu à volta de qual final iria ao ar, na noite de encerramento da novela: foi o fim mais depressivo, em que o prêmio — a mulher — coube àquele que representava o nosso antigo regime. Mas o que realmente importa enfatizar é que o outro final foi também exibido, no *Fantástico* de domingo, de modo que a rigor a novela teve dois fins opostos, quase ao gosto do freguês. Este, porém, precisaria ser bastante pós-moderno para aceitar que o final dependesse só de sua escolha: por isso, o fim que passou no horário usual se

era a ressurreição de Tubiacanga: a cidade, destruída pelos vícios de seus políticos, fora reconstruída — em dois anos — pelas virtudes de seus cidadãos, de sua sociedade, concentrada esta na pequena empresa, em especial na tecelagem de Linda Inês. Embora filha de político desonesto, ela, honesta e trabalhadeira, rompia com tudo o que seu pai representava. Contudo, os delinqüentes continuavam no poder. Prefeito e vereadores podiam haver trocado de cargos, mas eram os mesmos.

Podemos voltar à distinção — que abre este livro — entre sociedade e social. A pequena empresa — o capital em estado puro, aquele mais enraizado no trabalho, o mais honesto e decente de todos, o mais ético (a quase fazer pensar na "ética

---

consolidou como o genuíno, enquanto o outro — visto por um público também enorme — não passou de relativa brincadeira. Contudo, desde então a idéia de finais mais ou menos arbitrários, ou arbitrados (como o de um programa regular sobre a moral, *Você decide*, cujo resultado depende do voto popular pelo telefone), foi-se fixando.

Há dois modos de pluralizar o final de uma novela. Um se dá quando finais contraditórios são gravados, e a escolha entre eles fica sabidamente arbitrária, podendo até mesmo depender de uma sondagem de opinião pública. O que a deixa realmente arbitrária, porém, e com isso reduz — em parte — seu sentido de necessidade, é o fato de que o público inteiro esteja informado de que estão gravados dois ou mais finais, e de que a escolha entre eles dependa do arbítrio do produtor, ou de uma *enquête* junto a uma amostragem da população. Não é desse modo que estou falando, aqui.

Outro modo de pluralizar o término — o que aqui nos interessa — é quando há um primeiro final, depois sua revisão num segundo final um tanto posterior, e às vezes ainda um terceiro, e quem sabe mais. É como se houvesse uma demanda, um desejo de um narrar infinito, ou que, não podendo alcançar a infinitude, procurasse pelo menos ser interminável. Pois o caso Collor foi, ou ainda é, dessa ordem. Houve sucessivos finais, não necessariamente excludentes ou conflitantes, porém diversos. E cada final trouxe desenlaces, não só para o presidente e sua equipe política imediata, mas também para pessoas que com ele haviam mantido relações de afeto, por vezes, extraordinariamente intensas, como sua mãe, seu irmão, seu sócio.

protestante" de Weber, não fosse o amor à vida que tem de haver em toda novela brasileira) — regenera a cidade sem tocar na política. Se fosse mais longe, certamente precisaria optar por lidar com o social, por combater a desigualdade e a injustiça. Deixando a prefeitura com os corruptos, com os coronéis, a "sociedade" dá a entender que a regeneração da moeda — que a novela introduzia — não há de alterar a política e, por conseguinte, não há de contestar a desigualdade social.

O inquietante é então esse juízo terrível sobre o país: *a sociedade se regenera, a política continua perversa.* O prefeito cassado por crimes quer voltar ao poder; o novo prefeito mimetiza os gestos e o discurso de Collor; a Câmara local tem na presidência uma corrupta notória. Mais que isso: o próprio personagem que alegoriza Lula, o lixeiro Fabrício, acaba aceitando ser cooptado, em posição subalterna (a vice-prefeitura), pelo esquema dominante.

Não será esse um auto-retrato que a cultura de massas esboça de nosso país? A sociedade, movida pela empresa e pela complexidade das relações sociais ricas e positivas — de amizade, vizinhança, fé —, vê-se capaz de enfrentar suas falhas. Mostra-se capaz, num canto do mundo esquecido de Deus e dos bancos (Tubiacanga, no começo, não tinha padre nem agência bancária), de erguer-se da ruína a que foi lançada pelo sonho do ganho fácil e sem trabalho. Uma defesa do capital adquirido pelo trabalho é a conclusão moral da novela.

É essa, aliás, a moral burguesa por excelência: ao contrário do que certa esquerda imagina, a burguesia não procede a uma defesa irrestrita do capital. Este necessita ser legitimado. E haure sua legitimidade justamente de seu antagonista: o trabalho. Por isso, o capital só detém valor moral, só é validado quando pode apresentar-se como trabalho congelado, como dedicação e empenho que se perpetuaram. Ora, ao defender o empresário que realmente trabalha, o que a novela opera é uma justificação moral do capitalismo.[10] Aliás, a grande defesa do capitalismo nascente, a que Locke efetua em seus *Dois tratados sobre o governo*, procede exatamente por essa via.[11] *O capital é moral, exatamente porque deriva do trabalho.* Todo o seu caráter ético provém de uma exaltação do trabalho; se há capital, poderíamos acrescentar, é justamente porque o trabalho não se esgota no instante, mas é capaz de construir para si uma memória, uma poupança, de preservar o que produziu: *essa memória do trabalho é o capital.*

Temos, assim, o capital correto e o abusivo, o que se assenta no trabalho e aquele que provém da corrupção política. Mas é precisamente esse papel da corrupção — como o outro medonho do mundo não só do trabalho como do capital decente — que enfraquece e esvazia, na novela em questão e em muitas outras, a passagem da moral à política.

Em boa parte, esse vazio se deve ao próprio fator que deslancha a história: a vingança que o personagem de Edson Celulari, filho do (bom) prefeito assassinado anos antes, vem realizar,

10. Na campanha presidencial de 1989, o empresário Mário Amato, então presidente da Fiesp, afirmou que, se Lula vencesse, "800 mil empresários" deixariam o Brasil. Nos meses que se seguiram, correu a piada de que Lula teria ganho, os tais empresários teriam ido para Miami — e regressado todos, porque "não se adaptaram ao capitalismo".

É costume, entre nós, distinguir o que se chamaria o capitalismo "realmente existente" (o dos 800 mil) e aquele como ele "deveria ser", moral e produtivo. Evidentemente, porém, essa diferença desresponsabiliza o capitalismo "ideal" das falhas do real.

11. Recomendo, na tradução da ed. Martins Fontes, 1998, esp. o *Segundo Tratado*, cap. V.

sob o pseudônimo de Flamel, na cidade que liquidou sua família. Um início como esse, que retoma velho tema folhetinesco (a vingança), quase indispensável em novelas, funcionou bem enquanto se tratava de desmascarar um passado oculto pela hipocrisia dominante. Mas, quando a questão passa a ser o futuro e não mais o passado, tal esquema entra em colapso. Não só o apego do personagem Flamel ao ódio juvenil o impede de assumir uma vida propriamente sua, com a mulher amada: o pior é que a redução de sua ação a uma vingança pessoal corrói toda a dimensão política que poderia ter, e que em certa medida tinha.

Um mês antes do fim da novela, esta questão se explicitou, ao se perguntar a Flamel o que ele pretendia: justiça ou vingança? Infelizmente, não foi possível *Fera ferida* passar da cobrança de uma dívida de sangue, de natureza pessoal, para a enunciação de valores de ambição universal, no plano do direito e da justiça. Para usarmos os termos em que a *Oréstia* de Sófocles define, desde a Antigüidade grega, o horizonte que viria a ser o do direito ocidental: ficamos no plano das Erínias, das entidades que vingam o sangue derramado e não conseguem ir além da família, do clã, do grupo conhecido. Não chegamos ao nível dos direitos que distinguem a cidade, a *pólis*, a política, o Estado.

O grande salto que define uma *sociedade*, e talvez *qualquer* sociedade, está na passagem das relações de sangue — que ficam na família, ainda que extensa — àquelas que são *contratadas*. Essa mudança permite sair do mesmo, da repetição, e chegar ao outro, ao diferente, ao que no contato — ou, modernamente, no *contrato* — com o resto do mundo proporciona a expansão, a novidade. Até em sociedades ditas primitivas, até nas que a sociologia de Tönnies chamou de "comunidades" e que seriam pautadas por relações mais complementares entre os seres humanos, nelas muitas vezes valendo as metáforas da harmonia — até nelas é decisivo o contrato com o outro. A divisão de uma sociedade tribal, por exemplo, em duas metades, e a obrigação de casar-se na outra metade expressam essa mesma exigência, elementar e fundante do *socius*, de sair do sangue para entrar no contrato.

Um contrato é um ato de fé. Thomas Hobbes, um dos primeiros contratualistas, insiste em associar a fé na palavra dada — ou o cumprimento dos contratos — com a constituição da vida social e política. Sair do sangue é, assim, passar à fé. Tendemos geralmente a reduzir a fé à crença numa divindade. Mas isso não é tudo. A fé é a crença no outro, seja ele Deus ou minha mulher. Há fé quando acredito sem mais razões que a palavra do outro. Há fé quando acredito *sem razão*. Fé e razão podem não ser antagônicas, e podem até mesmo coincidir naquilo que mostram, provam ou fundam — mas a fé é essencialmente uma *dispensa* da razão. Se esta última me provar tudo em que devo acreditar, a rigor já não estarei "acreditando". Estarei sabendo. Terei conhecimento ou ciência — mas não crença. Por isso não há sentido, para uma religião, em provar cientificamente a existência de Deus. Se ela o conseguir, talvez até honre, mais que antes, o Altíssimo — mas não caberá mais dizer que se acredita nele, ou mesmo que se trate de uma religião.

A fé é assim um salto no escuro, rumo a um outro *que não pertence a nosso sangue*. Soa evidente que eu possa confiar no meu consangüíneo — tanto que, em momentos terríveis, como os da repressão em 1969/70, muito perseguido teve razão em dar mais crédito ao irmão ou ao tio, ainda que pertencendo a outra família política, que ao companheiro de partido. Mas essa confiança no consangüíneo exprime, justamente, um *mais que a fé*: uma certeza. A comum origem de sangue me dá uma garantia. Já a fé é uma aposta. É uma partida para o desconhecido. Assusta. Não é casual, pois, que ela exija muito. A Abraão, Deus pede que sacrifique o filho querido, a luz de sua velhice, aquele por quem ele despediu a concubina e o filho ilegítimo — aquele herdeiro, Isaac, cuja morte representará a definitiva extinção de sua semente. É preciso muita fé para dispor-se a sacrifício tão enorme. E que dizer das provações a que Deus submete a fé de Jó? Mas é isso, em menor escala, o que se pede a cada um de nós quando vai dar o salto decisivo fora do sangue, por exemplo, casando-se: que creia naquilo que, na melhor das hipóteses, é apenas provável. Certeza, não se tem.

Esta é a importância de se sair de uma tópica da vingança para uma da justiça. Deixa-se o sangue, com suas certezas, sua repetição, e vai-se para o outro, o possível *socius*, com sua incerteza, o risco, a possibilidade até de traição. Deixa-se o passado, com sua segurança, e vai-se para o futuro. Larga-se a memória feita de retrospecção, e constrói-se uma memória no sentido da informática, prospectiva, um programa de ação, que tem tudo para *não* dar certo. Sai-se, em suma, da associação dada para a inventada, da necessidade para a liberdade. Contudo, infelizmente, na novela que me serve aqui de pretexto, o máximo que se atinge como associação é a amorosa, a conjugal — o *socius* mínimo, em que um se soma a uma. É verdade que, já com o *socius*, Flamel sai de si e renuncia à vingança devastadora que deveria ferir o próprio sogro: de certa forma acede, se não ao nível da justiça, pelo menos ao da lei. Mas chegar à política não lhe é, nem a nenhum de seus concidadãos de Tubiacanga (ou do Brasil), facultado. A política da novela é, como a brasileira, de má qualidade.

Isso se percebe na tutela que o rico vingador exerce sobre a própria oposição. É Flamel quem monta a chapa vitoriosa nas eleições, obrigando o pastiche de Collor a aceitar a mímese de Lula em sua chapa, com o irrespondível — embora condenável nos planos ético e legal — argumento do dinheiro que dará para a candidatura de ambos.

Não se trata de uma falha da novela. O interesse em sublinhar esses fatos reside em mostrar o auto-retrato que, por meio da televisão, a massa de espectadores de novela forma do País. Tal auto-imagem se concentra nuns poucos pontos. Deles, destaco a insatisfação com um *statu quo* que, porém, é visto sobretudo do ponto de vista moral. A ineficiência do serviço público e a prepotência dos ricos aparecem, mais que tudo, como corrupção. Contra elas, a honestidade se faz força. Mas, justamente porque a perspectiva é moralista, fica impossível ir além de uma esquizofrênica regeneração da sociedade — esquizofrênica porque cindida entre o real e o utópico, o verossímil e o sonho, a indecência e o trabalho, os políticos e o povo. As relações humanas e até as econômicas se conseguem recuperar mediante várias espécies de iniciativas. A coisa pública, porém, continua presa aos velhos padrões de demagogia e corrupção — provavelmente porque o problema, nessa esquizofrenia, está na passagem, que se torna impossível, entre um pólo e outro; impossível, exceto quando nos quedamos numa dimensão micro, a das relações imediatamente pessoais, nas quais o afeto intenso pode exercer o papel de bálsamo. Mesmo a entrada de novos atores na cena política não altera esse *script.*

Assim, não se trata de denunciar a novela, mas de vê-la como sintoma, por revelar uma sensibilidade extremamente forte entre nós. Os brasileiros enxergam sua política como uma dimensão alienada, sobre a qual não têm controle. Contra ela, supervalorizam a moral do esforço e da dedicação — mas que, apesar de tudo, é apenas uma moral. Imaginam que seja possível conduzir a sociedade sem política.

Estamos em meio à utopia de um País que prosperaria se não tivesse políticos (ou política?). Ela cintilou nos elogios póstumos a Ayrton Senna, por exemplo, na indignação que alguns mostraram por ele ser velado na Assembléia Legislativa de São Paulo, lugar (disse um leitor em carta ao jornal *O Estado de S. Paulo*) que não estaria à sua altura, ao exprimir uma vil tentativa de recuperação da imagem do automobilista — herói e mártir do esforço, do empenho, do sucesso honesto — por deputados que seriam a negação de seu perfil, de seus valores.

A mesma utopia circula na condenação indiscriminada aos políticos, comum em período de eleições, e mais freqüente naqueles que, votando à direita, notam que seus eleitos não correspondem às promessas que formularam, nem à vontade dos eleitores. Não tendo a coragem de reconhecer que erraram eles, votando numa direita que só perpetua o que nosso País tem de retrógrado, preferem desqualificar os políticos em geral — o que fizeram na época muitos eleitores, arrependidos, de Fernando Collor, e fazem outros, a cada vez que se torna público que seus eleitos são ou foram desonestos. Mas, mais importante do que essa tentativa pouco inteligente e menos generosa ainda de arrastar na lama tanto quem votou na oligarquia como quem escolheu a mudança, é um traço que desejo assinalar.

Porque talvez o fundamental em *Fera ferida* tenha sido esse *segundo final*, em que a sociedade se regenera pelo esforço da pequena empresa, mas que, se consegue evitar o enorme mal que lhe faziam os políticos, não alcança destituí-los. Eis um excelente diagnóstico do País. Não podendo tomar o poder em seu centro, não sendo capazes de conquistar a hegemonia, o que fazemos — constantemente — é constituir duplos do poder, ou de suas instâncias, que funcionem. É o processo que podemos chamar de constituição de Estados-2, ou de formação de territórios "do B", querendo dizer, com esses termos, que "a sociedade" procura resolver por si — construindo uma estrutura paralela — o que o poder constituído não quer ou não consegue.

Assim sucede quando pagamos um seguro-saúde, usando um sistema de saúde paralelo ao oficial, para o qual contribuímos compulsoriamente mas que tememos, por ser péssimo; ou quando pomos nossas crianças em uma escola particular; ou quando, voluntários, participamos de uma organização empenhada em resgatar parte da dívida social. *Tudo isso se faz à margem da atividade oficial, ao lado de um poder de Estado em que não acreditamos, mas que não temos poder para destituir ou substituir.* O custo disso é enorme. Cada atividade ocorre duas vezes. Pago o hospital público e o privado, a escola oficial e a particular, os serviços sociais do Estado e os de minha vontade.

Mais grave, porém, que o custo monetizado desse fenômeno — em dinheiro, em tempo gasto —, é o processo de semi ou paraclonagem que o Brasil assim vive. Para cada espaço do Estado, é preciso constituir um replicante que de fato funcione. Não se trata, claro, de clones perfeitos porque estes — que a iniciativa gregária dos cidadãos ou a empresa privada constrói — se diferenciam do original estatal por funcionarem *mesmo*. Mas, ainda assim, são semiclones. São as réplicas bem-sucedidas daquilo que em nossa vida política resultou em desastre. O desperdício, por isso, não é apenas em dinheiro ou em tempo (isto é, no capitalismo, sempre em dinheiro — *Time is money*). Mede-se em energia cívica. Num tal caldo de cultura, é difícil sobreviver a disposição de ir além da vantagem imediata. Melhor dizendo, incapazes que nos revelamos de chegar ao plano do contrato, do direito, ficamos com nossas Erínias: divindades caseiras, sem ver mais longe que os consangüíneos e, por isso mesmo, sedentas de sangue.[12]

12. Gabriel Cohn comenta que, ao contrário do que sustenta a maior parte dos comentadores, o Brasil não é exatamente um país em que grassa a impunidade: diz ele que somos uma sociedade altamente punitiva. É claro que, com isso, ele não quer dizer que se punam os crimes, mas que o *desejo ou vontade* de

E é por isso que *tudo vira moral*, nada chegando à política. O gigantesco trabalho de construir relações humanas melhores, por depender quase por completo de uma energia particular, pessoal, esgota uma paixão que, normalmente, iria dar na esfera política. Sem dúvida, esse trabalho aponta uma qualidade altamente positiva de nossa sociedade, que é sua preferência pela pessoa, pelo ser humano, mais que pela instituição. Mas há pelo menos um *arrière-goût*, um sabor implícito, de fracasso. O insucesso na passagem ao político acaba nos relegando a uma moral bastante limitada. Referi-me a ela pelo viés das Erínias. Mas não é tudo. Porque elas começavam vingando o sangue derramado do parente, e comentei que Flamel era movido, quase até o fim de sua trajetória, pelo desejo de vingança, mais que pela disposição à justiça. Explico-me.

O desejo de vingança é um anseio de desfazer o que aconteceu de mau, e de retornar a um passado miticamente bom. Punindo quem nos feriu, ele reequilibra o que foi perturbado na balança das coisas e restaura uma ordem que pensamos recordar, mas que, na verdade, fantasiamos. Já a busca da justiça está voltada para o futuro. Ela exige, pois, que esqueçamos. Não há justiça sem esquecimento. Esquecimento quer dizer também anis-

---

punir assume especial relevo. Assim, à pergunta da *Folha de S. Paulo*, "O Brasil é o país da impunidade?", em 31 de julho de 1993 (e à qual eu banalmente respondi "sim"), Gabriel Cohn, com muita originalidade, disse: "Meu argumento, aqui, é o de que a sociedade brasileira suscita o tema da impunidade precisamente porque é atravessada de ponta a ponta por uma concepção punitiva das relações sociais. Pune-se demais e não de menos, mas pune-se como contrapartida da noção de impunidade: pela via privada, à margem das instituições (ou mediante sua pura e simples apropriação) mais do que pela via da efetiva constituição de um poder público" (p. 1-3 do referido jornal). Em suma, como a concepção predominante não é a dos direitos e deveres *universais*, toda a tópica da responsabilização pelos desmandos é atravessada mais pelo pressuposto da vingança do que pelos do Direito, do espaço público etc.

tia. Não há justiça sem algum grau de perdão pelo passado, porque o que ela busca é construir um tempo futuro. Por isso todo anseio de justiça tem algo de utópico, na medida em que sua matéria-prima, seu terreno de intervenção, é o mais feito de imprevistos, o tempo por vir. Isso significa, finalmente, um certo paradoxo. Para haver justiça — no futuro — é preciso perdoar o passado: ou seja, a justiça jamais é a simples retribuição exata do que aconteceu. Por isso é que a lei de Talião, ou a retaliação, produz injustiça. Porque, ainda que pareça, a curto prazo, reequilibrar a perturbação que o crime cometeu, punindo-o na medida adequada, ela esquece que a justiça não está na restauração de um equilíbrio sempre mítico, mas na *produção* de um futuro que tenda, mesmo nunca o realizando, a algum equilíbrio. Insisto no termo "produção", que é o que permite entender que algo somente surja porque entre de tudo na sua composição: entre, inclusive, o que do passado ficou de injusto, e que perdoamos, para evitar maior injustiça no futuro. (E por isso Chopin, prometendo a Liszt perdoá-lo mas não esquecer o que ele fizera, podia *ser* justo num sentido usual do termo, mas se impedia de *produzir* justiça, de construir um mundo melhor.)

Ora, se nos detemos num plano somente pessoal, e supondo que nossas intenções sejam honestas, o pior que pode suceder é que nos mova só o intuito de vingança — e o melhor é que sejamos capazes de perdoar. Mas esse perdão não é o mesmo esquecimento do qual dizia, acima, constituir o cerne da justiça. Esse perdão é estritamente pessoal, e não consegue montar uma dimensão social. Daí que nós, brasileiros, invistamos o espaço público não conseguindo, quase nunca, perder de vista nossas raízes na casa,[13] em nosso sangue. Daí que nossas ações, mesmo

13. Ver, sobre a casa e a rua, a vasta e importante ensaística de Roberto DaMatta, em especial *A casa & a rua* e *Carnavais, malandros e heróis*. Ao home-

políticas, não transfigurem o individual, o imediato, em social e coletivo.

Ou, por outra: o mundo moderno nasce da substituição das virtudes pelos interesses. A exigência antiga e medieval de seguir o bem, com a convicção de que o bem na sociedade e no Estado depende do bem no rei e nos súditos, é muito difícil de se cumprir. Por isso se delineia a magnífica, a *econômica* equação deri-

---

nageá-lo dedicando-lhe este artigo, registro sua importante contribuição para pensar, na sintonia fina de episódios analisados, a sociedade brasileira atual mediante o instrumental antropológico. Mas isso não me impede de ter alguma discordância dele, no assunto ora tratado. Numa palavra: por que Roberto DaMatta fala em "rua" e não em "praça", que é o termo clássico, usual, para dizer o público? A rua é um lugar de passagem, em que a permanência ocorre por exceção; já a praça é um lugar de reunião e, mais que isso — quando se chama ágora, com os gregos ou com seus herdeiros modernos —, de *decisão*. Substituir a praça pela rua é renunciar ao lugar público como espaço de decisão, e convertê-lo em território de sociabilidades mais fugazes — em *logradouro* público, até poderíamos dizer.

A resposta de DaMatta, quando lhe perguntei isso, foi que no Brasil não se fala em praça, mas em rua. O termo seria postiço. Eu poderia responder com o verso de Castro Alves "a praça é do povo", recuperado, na década de 1960, com música de Sérgio Ricardo. Mas talvez, com esta resposta, eu estivesse lidando com a exceção e ele com a regra; por isso prefiro ir mais longe, e paradoxalmente numa direção que o próprio DaMatta poderia tomar: ocorreu, nas últimas décadas, enorme *despolitização* do social, pelo menos nos termos do que tradicionalmente chamávamos política. Os encontros entre pessoas não se dão mais no quadro de uma socialização que remeta à decisão *coletiva*. (Mas será que antes se davam? Será que também não mitificamos, demais, o passado?) De todo modo, hoje em dia o político não deve mais ser pensado pelo paradigma da deliberação política na praça, nos termos (para usar uma expressão de Luiz Werneck Vianna) de quem "tem 1789 na veia". A ágora está indo embora, assim como 1789 deixa de ser memória no sentido forte — como o programa de um computador, memória "*.exe" — e se torna memória em acepção fraca, digamos, quando muito de desinência "*.doc", algo que se lê mas não mais algo que nos ajude a ler.

Política, se tivermos, será outra — como tentarei sugerir, no último artigo deste livro.

vando, de vícios privados, benefícios públicos. Não se parte mais da virtude, mas do vício ou, pelo menos, do interesse. O egoísmo já não é óbice, porém ingrediente, para o bem comum — desde que haja as vias que permitam essa transmutação do mal em bem, da ganância individual em vantagem social.

Essa equação moderna, que já se insinua em Hobbes e Espinosa, mas só encontrará sua forma canônica na *Fábula das abelhas*, de Mandeville, se constitui porque é mais fácil viver assim do que pela ética medieval. Essa última era mais exigente mas, por isso mesmo, pouco cumprida. O compromisso moderno requer menos, mas exatamente por isso funciona melhor.

Nosso paradoxo brasileiro está na dificuldade que temos com essa equação. Por alguma razão, lidamos melhor com o registro antigo e medieval.[14] O bem social dificilmente poderá resultar de outra coisa que não do bem individual. A lógica da transformação de mal em bem nos escapa. O modo como o vício se converte em interesse e, por aí, em um bem relativo, mas real, nos ultrapassa. E provavelmente por isso passamos o tempo a construir duplos, os quase-clones de que falei. Para cada instituição do Estado que se revelou má, um duplo bom — que só é bom, no sentido de eficaz, por ser também bom, mas agora no sentido de ético, moral.

O custo disso é enorme. Mantemos dois países! O institucional e o paralelo. Mantemos, tantas vezes, vidas paralelas. Esgotamo-nos. Mas não haverá aqui, para terminar, *outra coisa que não um fracasso*? Comecei a escrever estas páginas[15] pensando nu-

14. Tratei disso em "O retorno do bom governo", in A. Novaes (org.), *Ética*, São Paulo, Companhia das Letras e Funarte, 1992, pp. 101-12. Para prosseguir esta discussão, ver, adiante, o artigo "Uma vida social muito cara".

15. Parte das idéias aqui expostas sobre *Fera ferida* publiquei na *Folha de S. Paulo*, em 21 de agosto de 1994. De lá para cá, mudei; e este fim, em espe-

ma espécie de crítica de nossa cultura política. Mas pode ser que elas contenham mais que isso. Primeiro, talvez seja esta uma razão para o avanço das novas religiões, sobretudo as evangélicas, que pelo menos em suas declarações de intenção se propõem a construir esse clone melhorado.[16] E segundo, e mais importante: quem sabe não esteja, aí, nesse outro engate do privado e do público, do afeto e da razão, um caminho? Porque a equação mandevilliana só funcionou esfriando, extremamente, a vida social. Pôde-se definir o *interesse* só porque se enregelou a vida afetiva.

O bem tornou-se dispensável, mas com ele se foi o amor. Em termos de dor psicológica,[17] a sociedade engendrada pelo mundo moderno, centrada no Atlântico Norte, difundida pelo capitalismo mundo afora, bate possivelmente todos os recordes históricos. Isso teria que ser considerado, embora seja dificílimo mensurá-lo, uma vez que a dor de que aqui falamos é sobretudo qualidade, e mensurar implica sempre aderir à quantidade, ou seja, introduzir já o princípio da economia, do interesse, do contrato no lugar do contato. Uma vida social construída por vícios atenuados só exige pouco de quem se contenta com pouco: de quem tem por primeira frase *aidez-moi* e não

---

cial, destoa da crítica — iluminista, digamos — que então eu dirigia a nossa corrupção.

16. Embora aqui a questão seja controversa. Alguns vêem, nas religiões evangélicas, uma ética do trabalho, que faz o pobre valorizar-se — e sinal disso é o uso cada vez mais freqüente do terno no culto: uma valorização conservadora, mas nem por isso menos eficaz ao fazer a pessoa poupar, esforçar-se, melhorar de vida. Outros são mais atentos ao conservadorismo, que comparece em especial no "falar línguas", na histeria. Pois, como observa Marilena Chaui, não é pelas religiões que se aquece o gelo dos sentimentos contra os interesses...

17. Como tem observado Jurandir Freire Costa, inclusive na discussão do presente livro.

aimez-moi,[18] de quem quer bens e não o bem, propriedade e não afeto. Quem sabe não esteja no horizonte de nosso tempo, e de nossa parte do mundo, destilar outro modo, mais caloroso e afetivo, de instituir a sociedade?

18. Rousseau, no *Ensaio sobre a origem das línguas*, diz que nos lugares frios a primeira frase é "aidez-moi", ajude-me, ao passo que nos quentes é "aimez-moi", ame-me. Cada uma destas frases define todo o espírito da sociedade em questão. Ver cap. x, edição brasileira, pp. 299-300, edição francesa, pp. 526-7.

Uma vida social muito cara

Faltavam semanas para as eleições gerais de 1994, e uma transmissão por antenas parabólicas surpreendeu o ministro Rubens Ricupero em conversa bastante franca com um jornalista amigo, a quem contava fazer uso político do cargo que ocupava — a pasta da Fazenda — para promover a campanha do candidato oficial à presidência da República. O episódio é conhecido. Alerto, por isso mesmo, que aqui, ao contrário do que então priorizou nossa imprensa, não pretendo discutir o lado pessoal do caso (a moralidade do ex-ministro[1]), mas aproveitá-lo para entender como, na política brasileira e na própria cobertura da imprensa, a ética funciona em contraste com os grandes padrões que a definiram na política moderna.

1. A questão moral foi amplamente discutida na imprensa. Na verdade, foi nela que se concentrou o debate. De modo geral, os simpatizantes do ministro ou do governo reduziram o episódio a sintoma de estresse ou a algo de ordem puramente momentânea, recusando retirar conclusões negativas, quer a respeito da política oficial, quer acerca da pessoa que assim expusera sua mente. Já os defensores das candidaturas de oposição sistematicamente condenaram uma

Uma grande equação inaugura a modernidade, desde o século XVI pelo menos: *a ação política deixa de medir-se segundo a moral*, passando a manter com esta última relações complexas e mesmo contraditórias. Quem abre essa equação é Maquiavel — e por instituí-la sua fama ficou má, e sua filosofia, mal conhecida, mal interpretada. O maior erro a seu respeito consiste em entender a célebre passagem, em que ele insta o príncipe a aprender "que saiba não ser bom", como se estivesse mandando o governante "*ser* mau".[2] O pensador florentino se oporia radicalmente à moral, eis a idéia dominante em quatro séculos e meio de leitura do *Príncipe*. Na verdade, porém, saber "não ser bom" não significa ser sistematicamente mau, e sim, como aliás afirma

---

atitude que, a seu ver, era conseqüência direta da política econômica dirigida pelo ministro.

Recordo somente duas exceções significativas. Uma foi a posição do jurista Fábio Konder Comparato, que, embora de oposição, em carta à *Folha de S. Paulo* defendeu as qualidades morais do ministro. Outra — que, para dizer a verdade, não trata do caso das "parabólicas", mas merece relevo por ser posição única em toda a nossa imprensa — foi a do escritor Antonio Callado. Este, em sua coluna regular no mesmo jornal, lamentou — mas foi meses antes do episódio! — que o embaixador Ricupero deixasse uma pasta relevante (a do Meio Ambiente), em que tratava da Amazônia e fazia um trabalho importante, para ir a um ministério de segundo escalão, que seria o da Fazenda. Para o Brasil e para o mundo, dizia Callado, a Amazônia é muito mais importante do que contas de chegar.

Finalmente, assinalo que a defesa constante, que faz o embaixador Ricupero, dos países pobres no intercâmbio internacional, torna-o merecedor de meu respeito. Estou discutindo um problema mais amplo, e não um caso pessoal. O que importa aqui é por que esse *fait divers* alcançou tal ressonância, e que lições dele se podem tirar.

2. Maquiavel, *O Príncipe*, cap. XV. Um exemplo entre muitos dessa má imagem de Maquiavel está no prólogo do *Judeu de Malta* (1589-90), de Christopher Marlowe, em que se diz que *Machevill* (belo trocadilho, que daria em português Mauquiavel ou Demojúnior) atravessou os Alpes e chegou à Inglaterra.

o próprio Maquiavel,[3] ser bom sempre que possível e mau somente se necessário. Na verdade, mesmo, "não ser bom" significa, antes de mais nada, *não ser*.[4] O príncipe *não é* bom nem mau, não é uma qualidade nem outra; ele as assume, como vestes, como máscaras, quando a seu juízo se tornam necessárias.

O notável em Maquiavel é assim se desgrudar a política do ser. Como ele está ocupado sobretudo com o agir — e é talvez, dos filósofos políticos, o que mais se interessou pela *ação* política, ao contrário de seus sucessores, de quem falarei adiante, mais interessados na *instituição* política —, não pode fazê-lo dizendo que o príncipe "é". Seu príncipe, que na verdade é sobretudo o codinome para quem *age* em política,[5] mostra-se alguém em permanente mutação: torna-se, muda, jamais se estabiliza, nunca é.

A preferência ainda está em seguir a moral (sempre que possível); mas fica patente que, em caso de necessidade, fazer-se mau não é desaconselhado, nem desonroso. O príncipe, como todo aquele que não tem um quadro legal prévio a reger suas

3. *O Príncipe*: "E eu sei que todos confessarão que seria coisa digníssima de louvar encontrarem-se, num príncipe, de todas as qualidades acima descritas, aquelas que são tidas por boas: mas, como não é possível tê-las ou observá-las [todas], já que a condição humana não o consente, é-lhe necessário ser tão prudente que saiba escapar à infâmia daqueles vícios que lhe fariam perder sua condição [*lo stato*], e, se possível, daqueles também que não viriam a privá-lo dela; mas, se não o puder, que deixe as coisas andarem sem muita preocupação a respeito" (cap. XV).

4. Cf. Claude Lefort, *Machiavel — le travail de l'oeuvre*, Paris, 1973, bem como o comentário de Maria Lucia Montes a seu respeito, em sua tradução de Quentin Skinner, *Maquiavel*, São Paulo, Brasiliense, 1988, pp. 76-7.

5. E é por isso que Gramsci vai dizer que o partido político revolucionário é o "príncipe moderno": à medida que o partido se torna o ator político por excelência, ele ocupa o espaço que era, em Maquiavel, o do príncipe.

Mas o mesmo valerá, numa política mais democrática, para todo cidadão.

ações,[6] navega sem bússola; não sabe que ações suas serão bem-sucedidas, quais não o serão; e por isso precisa ser *plástico* em seu modo de agir. Aliás, por isso mesmo o príncipe precisa ter seu modo de ser (uma das formas de dizer em português o grego *ethos*, que literalmente significa "caráter") um tanto recuado: não no plano imediato de como age, mas num lugar mais discreto. Seu *ethos* não consistirá em ser bom, ou mau: essa qualidade (ou defeito) não esgota o seu ser. A qualidade boa ou má de seus atos é apenas a *aparência* que o príncipe produz. Seu modo de ser está mais atrás, no espaço — este sim, político — em que decide *quando* ser bom e quando, mau. Em suma, o que faz Maquiavel é excluir a primazia da moral; é recusar que os atos para os quais não há padrão ou medida prévios (como são os dos príncipes e de todos aqueles que, neste mundo, não têm um legislador a eles superior) sejam utilizados para medir a qualidade ética da pessoa que os pratica; é entender que a moral, por si só, não anuncia nada quanto ao bom sucesso das ações sem medida ou padrão. E isso porque esvazia o ser do seu príncipe: porque entende que só há ação livre, cria-

6. Ou seja, como — numa sociedade em que ocorreu o desencantamento do mundo — todo aquele que *age*.

Ocorre em nossa época uma expansão enorme da lição de Maquiavel: até pouco tempo atrás, só o príncipe estava fora desse quadro regulador de suas ações e dos resultados delas, que existe quando temos uma lei a nos determinar e uma polícia a nos controlar. Hoje, porém, as polícias e leis mentais se esgotam, os modelos de conduta se esvaecem, e com isso estamos quase todos na posição do príncipe maquiaveliano, sem ter mais uma elementar, medíocre, mas extremamente eficaz e pacificadora segurança de que, agindo segundo a lei, teremos tais e quais (bons) resultados. A lei recuou, por exemplo, em todo o campo dos costumes, sobretudo sexuais ou sexualizados; e como ficamos, com isso? Inseguros.

Constatar esta insegurança ou perplexidade é banal; o que pode ser original é comparar a nossa posição, que eu celebro como prenhe de criatividade, com a do príncipe de Maquiavel.

tiva, inovadora, quando a temática do ser é substituída pela do parecer.

É, porém, com Hobbes, Espinosa e sobretudo Mandeville que se montará a equação segunda, e definitiva, da modernidade.[7] Maquiavel fez, por assim dizer, o trabalho *negativo*: desmontou a crença medieval numa suposta eficácia que a moral teria, para articular o sucesso. Essa eficácia medieval, aliás, só merecia crédito porque o campo no qual se dava o êxito não era somente o deste mundo, mas o de um tempo mais amplo, integrado, que sugiro chamar o tempo do condomínio formado por este-mundo-*mais*-o-Além: o êxito que não se produzisse nesta vida se realizaria, com maior propriedade, na vida eterna. Por isso mesmo, é uma eficácia estranha para nós, acostumados que estamos com outro olhar: porque hoje a eficiência se considera mensurável quase fisicamente ou, pelo menos, no plano do que nossa percepção pode atestar — ao passo que, na Idade Média, a ação moral só era eficaz pelo metro de uma crença que nada permitia verificar. (Mas estou enunciando as coisas de maneira anacrônica: aquela época conhecia relatos, inúmeros, de pessoas que tinham estado no Além, e que de lá retornavam atestando a punição dos maus e a recompensa conferida aos bons. As coisas mudam é com o célebre monólogo de *Hamlet*, "Ser ou não ser", que chama o "após a morte" de "essa região desconhecida cujas raias/ jamais viajante algum atravessou de volta": dela não há mais regresso, dela não se tem mais certeza.[8]) Em suma, tudo antes apontava uma continuidade entre este mundo e o Além: a

7. Da qual comecei a tratar no artigo "O Brasil pela novela".

8. Na verdade eu também poderia citar a peça justamente para mostrar que *continua valendo* o condomínio este-mundo-mais-o-Além. Basta lembrar que o espectro do pai de Hamlet vem do purgatório, que é o lugar intermediário, não só entre céu e inferno, mas entre este mundo e o Além — o único lugar *post-mortem* onde ainda ocorre alguma história: no caso, mudança no estatuto

eficácia não é, a rigor, uma idéia totalmente nova que a modernidade introduziria, para romper com o Medievo; o que temos é, sim, uma *nova idéia* da eficácia — e aqui mais uma vez Maquiavel acerta, ao exigir a *verità effetuale delle cose*, uma verdade que apareça na produção dos atos humanos e não mais no outro mundo, uma verdade *visível*. E será nesse campo, o das aparências, que melhor se moverá o príncipe.

Assim, uma nova eficácia, agora do visível, permite proclamar que a moral não funciona *neste mundo*. O Além deixa, pois, de fazer parte do campo de provas em que se testa nosso agir. Não é que a eficácia e o êxito substituam o bem; o que sucede é que, ficando-se apenas neste mundo, exilando-se a transcendência, a eficácia não se mede mais no padrão da eternidade e da salvação, mas no de um êxito mais imediato, um êxito sem mediações, um êxito aqui e logo. Isso significará, a curto e médio prazo, que se desqualifique a moral. Tal desqualificação ocorre em dois tempos. Com a modernidade, a moral terminará por se revelar custosa, onerosa. Mas antes disso, enquanto a modernidade em política apenas nasce (com Maquiavel), a ênfase estará em se mostrar a moral como *malsucedida, ineficaz:* segui-la é o melhor meio de um governante arruinar seu Estado.

Os demais autores a que me refiro, seus pósteros, verão a moral, antes de mais nada, como *custosa* demais. É impossível os

---

da alma, que, depois de cumprida a pena de castigo, se alçará ao paraíso. E no próprio monólogo se diz que o medo do que vem depois da morte é o que nos acovarda a todos, e "cobre a tez normal da decisão/ com o tom pálido e enfermo da melancolia" (William Shakespeare, *Hamlet*, São Paulo, Abril, 1978, na excelente tradução de Péricles Eugênio da Silva Ramos, pp. 108-9).

Contudo, o uso que faço da peça é correto. Porque, mesmo aparecendo o fantasma, nunca sabe o protagonista se ele é mesmo seu pai, ou uma aparência demoníaca; e o tom central do monólogo é o da *dúvida*. O condomínio dos dois mundos deixa de assegurar qualquer certeza; desaparece, portanto, a chance de uma eficácia estritamente sobre a alma.

homens se pautarem por ela de modo sistemático. Maquiavel dizia que quem a seguisse se arruinaria, mas não insistia nos seus custos, e sim em seus (nulos) benefícios. Seus sucessores bem poderão concordar quanto aos parcos resultados da moral para a vida pública, mas enfatizarão sobretudo o ônus que ela implica. No limite Maquiavel poderia acreditar que alguém seguisse sistematicamente a moral em matéria política; o único problema é que fracassaria, também de modo sistemático e necessário. E seus sucessores, no limite, poderiam afirmar os bons resultados de uma política baseada na moral; mas o que farão será negar a viabilidade de seguir essa última, por demasiado onerosa. (Provavelmente esse descompasso — um afirmando os maus resultados da moral, outros o seu alto custo — explique, ao menos em parte, o vigor com que esses próprios autores procuram se afastar de Maquiavel: não é apenas por medo de sua má fama, mas por um efetivo desacordo sobre as relações entre moral e política.)

Já o trabalho *positivo* de Hobbes, Espinosa e Mandeville consiste em *tornar barata a vida pública*, em desonerar a vida social. Construí-la com base na virtude é ineficaz: poucos são os virtuosos. O preço da liberdade — de uma liberdade que no passado romano ou no futuro moderno, no século XVIII, se chamará "republicana" — agora se mostra excessivo. Daí que seja preciso construir resultados aceitáveis a menor custo. Isso se consegue investindo-se nas paixões, para Hobbes e Espinosa, ou, no caso de Mandeville, mais explicitamente nos vícios privados.

A sociedade constrói-se assim como uma configuração bem mais complexa do que na Idade Média, quando ela de certo modo *expressava* a ação individual: a inserção do fiel cristão no cosmos fazia tudo, neste último, vibrar a mesma corda sacra. A diferença entre a religião e o profano, entre o moral e o político, parecia ser de pequena monta (daí também o *continuum*, de que antes falei, entre este mundo e o Além). Na modernidade — ao contrário — um descompasso essencial faz que se produza o bem político por meio do mal moral, e que o bem moral realize o mal político. Penso, aliás, que é desse descompasso, desse desconcerto básico, que nasce *a modernidade enquanto crítica ao discurso*, sob o signo da *suspeita* séria e severa em face da fala que antes passava como pura. (Este, a meu ver, é o ponto central de filosofias como as de Maquiavel ou Hobbes, tão reticentes em face do teor manifesto dos discursos e tão empenhadas em decifrar-lhes o conteúdo latente — ou, mais tarde, da crítica que se dirigirá à "bela alma", tão ingenuamente mostrada, por exemplo, no primeiro *Wilhelm Meister*, de Goethe.) E é isso o que levará Mandeville a ilustrar sua tese dos "vícios privados, benefícios públicos" recorrendo ao exemplo da ganância privada que, ao se generalizar, resulta em livre concorrência — que é uma vantagem para a sociedade[9] —, como ele explica na *Fábula das abelhas*. Em suma, aquilo que a olhos cristãos passa por mal pode ser a condição para ter-se o bem neste mundo.

Maquiavel destacava a ação, e seus sucessores, a instituição. O autor d'*O príncipe* enfatizava o que haveria de inovador ou mesmo de transgressor nas ações de seu sujeito. Sua política está assim sempre ligada à novidade, por um lado, a um sujeito precário, por outro. Ela não tem permanência. Não é fortuito que um dos capítulos mais importantes de sua obra[10] trate das medidas que César Borgia tomou para garantir suas conquistas quan-

9. Seu outro exemplo é o da prostituição em Amsterdã — também vício, também pecado, mas que, numa cidade portuária aonde chegam marinheiros privados há meses de sexo, preserva a virtude das matronas e donzelas de boa família. Usei a edição da *Fable of the Bees* da Penguin; para a livre concorrência, ver a nota G, do próprio autor, pp. 118-26; para a prostituição em Amsterdã, ver a nota H, também de Mandeville, pp. 126-30.

10. O cap. VII do *Príncipe*.

do sobreviesse a morte do pai, o papa Alexandre VI: medidas ditadas pela prudência, habilidosíssimas, mas que mesmo assim se viram frustradas pela fortuna. Nada está garantido, se nos pautamos pela ação.

Hobbes, Espinosa, Mandeville — e em suma o pensamento político posterior a Montesquieu — estão empenhados em garantir a duração da vida social e política depois do indivíduo, para além de uma vida ou outra. Mas Maquiavel ainda acredita, demasiadamente, no herói. A vida social moderna, barateada, não pode depender de heróis nem de mártires. Necessita, isto sim, de mecanismos que lhe dêem continuidade. E o melhor dos mecanismos é o que torna o bom sucesso da vida social *independente* da moral.

Só haverá vida política, modernamente, se ela se libertar da moralidade. Dessa condição Maquiavel esteve muito consciente. Mas isso também significa — o que ele talvez tenha preparado mas não viu, nem aceitaria — libertar-se da ação individual e do ponto de vista do indivíduo. Será preciso montar uma máquina pela qual as intenções ou atos individuais sejam introduzidos em gigantesca engrenagem, que as converta em coisa bem diferente. Do ponto de vista do indivíduo, isso pode até ser trágico: ele — *ou você*, meu leitor, porque isso acontece a todos nós — crê agir de um jeito, e o mundo muda o sentido, o eixo de sua ação. É trágico o esvaziamento de *sentido* que assim se impõe às intenções e atos de cada indivíduo. Mas ele também é econômico porque, visando a seus interesses próprios, obedecendo a sua consciência isolada, cada um — sem querer, sem *precisar* querê-lo — concorre para produzir a vida social. É isso o que a torna barata, *e mesmo possível.* Porque não nos iludamos: se precisássemos deixar nossos afazeres privados, ou nossos prazeres pessoais, para ter ainda uma vida social, pública, cívica, política, esta há muito teria deixado de existir. A genialidade moderna está, assim, em fazê-la existir mais ou menos independente de nosso querer.

Ora, é essa conexão entre interesse privado e benefício público que vemos, no caso Ricupero mas igualmente em tantos outros, *não* funcionar em nosso país. O que temos, aqui, é a virtude *privada* e o vício *público*. Em nosso país se inverte a equação, tornando-se, ela, infecunda. Insistindo: a enorme vantagem da equação mandevilliana é que ela torna a vida social e pública *barata*. Se precisássemos ter uma vida social segundo os preceitos morais que, por exemplo, vigoravam na Idade Média, cada ator — isto é, se não todo cidadão, pelo menos cada pessoa ativa socialmente, cada líder — precisaria fazer prova de forte moralidade. E o mesmo vale para uma vida social que procure aplicar, por exemplo, os valores socialistas: um forte investimento nos valores é necessário para funcionar a vida social (por mais de trinta anos da Revolução Cubana, assim insistiu Fidel Castro nos incentivos *não-materiais*, e na formação de um "homem novo"[11]). Em contraste com esses valores medievais — ou socialistas —, a modernidade capitalista *não* requer, do indivíduo, que ele tenha decência, para que a vida social funcione.

11. Somente alguns anos depois de cortados os víveres à Revolução, com o fim da União Soviética, Fidel reduziu — mas sem esquecer de todo — a ênfase nesses aspectos altruístas da nova vida social.

Outro exemplo dessa importância do elemento ético na política de esquerda está na Revolução Cultural chinesa, que do ponto de vista da eficácia significava algo desastroso, mas tinha seu sentido apenas na idéia de que fazer a Revolução exige mudar o homem. Com o passar do tempo, porém, foi vindo a lume o aspecto não apenas economicamente equivocado da Revolução Cultural, mas também sua dimensão *cruel,* o que mostra bem como ideais exacerbados passam, em nosso tempo, a gerar o contrário do que eles preten-

É claro que a vida social assim gerada é *mínima*. É claro que, com essa equação, o bem comum, a coisa pública ficam em perigo. Benjamin Constant, na sua conhecida conferência de 1819 sobre "A liberdade dos modernos, comparada à dos antigos", alerta para esse risco: podemos estar tão concentrados no próprio umbigo, ou seja, no interesse particular, que o bem público deixe de ter seus cultores. Mas a idéia de uma mão invisível, que organiza socialmente aquilo que a olhos individuais é apenas caos e ruído, continua forte. A invenção da modernidade está em produzir o coletivo sem que cada ator precise tê-lo em mente; o social, o mundo comum a todos, nasceria a despeito de nossas intenções, apenas pelo jogo das forças com que lidamos. Tal jogo pode chamar-se mercado (é a ele que se aplica o termo de "mão invisível"), mas, por extensão, vale para toda a vida pública, e seu feito essencial é dispensar cada um de nós do extraordinário fardo que, na cristandade medieval ou na militância moderna de esquerda,[12] exige, para haver sociedade, um enorme empenho pessoal.

Contudo, o fato é que entre nós — brasileiros — é a vida privada que aparece portadora de qualidades éticas fortes. Do homem público, muitas vezes se pergunta qual a sua qualidade moral. É verdade que, nos anos que se passaram desde 1989, acos-

---

deriam. É evidente, contudo, que não se pode confundir o castrismo, no qual a dimensão humana sempre foi maior, com o maoísmo. Finalmente, as denúncias, que estes últimos anos se multiplicaram, segundo as quais Mao Tse Tung teria uma vida pessoal em completa contradição com os valores que apregoava, funcionam como uma confirmação a mais — no quadro do pensamento moderno, ou seja, burguês — de que a exigência de uma alta moralidade, na política, é irrealista (e, acrescentam os críticos de Mao, por isso mesmo gera intensa hipocrisia).

12. Tratei do custo da militância de esquerda no artigo "O bolchevista e o cidadão romano: ajuste de contas", in *Teoria e Debate*, nº 16, novembro de 1991, pp. 46-9.

tumamo-nos à idéia de que muito político tenha filhos fora do casamento — acusações como a assacada contra Lula, no segundo turno das primeiras eleições livres para presidente após a ditadura, hoje provavelmente não prosperariam. Mas continua presente uma valorização de algo vagamente chamado de decência pessoal. E o problema se torna agudo quando, de alguém cuja ética individual não se contesta, percebe-se uma conduta política menos virtuosa; ou quando a ação bem-intencionada resulta, socialmente, em desastre. Aqui, ao contrário de uma socialização a baixo custo, passamos a ter um imenso custo das iniciativas (porque *a moral é sempre cara*) resultando em quase nada de positivo.

Por várias maneiras, assim, se esquiva ou se perde de vista o que é propriamente *político*, constantemente reduzido ao que ele não é — seja a moral individual, seja a salvação. Antes de mais nada, isso ocorre porque, para cada grande problema, somente se concebe uma única solução. Não se pensa, em nosso país, que possa haver uma solução consistente de esquerda e outra de direita, e que a escolha, numa direção ou noutra, sempre associe ganhos e perdas, e que, enfim, seja muito mais uma opção por um tipo ou outro de valores do que a alternativa entre a salvação e a perdição.[13] Nossa política está sobredeterminada pelo espiritual, e mais especificamente por um espiritual em particular, o da salvação[14] — e isso vicia o jogo democrático ou mesmo

13. Mas é possível que essa percepção seja de algo real. E que nos países em que as coisas se relacionam de outra maneira isso se deva a já terem superado o umbral de uma injustiça social extrema. Pode ser que exista um certo limiar de injustiça, abaixo do qual a própria idéia de tempo, de demora, e por isso de Estado de direito, não funcione, e acima do qual, mesmo sem se tornar a sociedade igualitária ou plenamente justa, tais idéias possam funcionar. A democracia realmente existente apenas se tornaria operacional quando superasse esse limiar.

14. Ver meu "Chega de salvação", in *O Estado de S. Paulo*, 23 de março de 1991, p. 2, contra o discurso de justificação ao plano Collor, que aceitava uma

político, porque a dimensão propriamente humana deste último é perdida. Se a política é o modo pelo qual nem anjos nem animais se relacionam e conseguem escolher, nós oscilamos entre a perfeição almejada da primeira ordem dos seres criados e a degradação receada do mundo bestial. Esta é outra maneira, aliás, de dizer a nossa ciclotimia.

A convicção de que os problemas são essencialmente de ordem macro, de que a escolha não está entre diferentes ganhos e diferentes perdas, mas entre dois termos absolutamente opostos, um positivo, outro negativo, resulta na crença de que não há solução que não seja salvação. Com isso se perde a dosagem que é própria do mundo político, e com ela essa sutileza que é necessária para bem se entender a equação de Mandeville. Porque, ao dizer que do mal provém o bem — como dissera Maquiavel que do bem provinha o mal[15] —, ele mostrou que os termos não são absolutos em sua oposição. A condição para quem articula a vida social é saber emancipar-se dessa oposição assim radical. Nem Maquiavel nem Mandeville defenderam, jamais, uma completa indiferença do político à moral: o mal continua sendo, para ambos, mal. Mas perde o caráter absoluto. Passa a ser mensurável, eis a questão. Deixa de ser algo que, por sua própria natureza, repele. Vem a ser quantificado. Talvez possamos dizer que cintila, no subsolo de suas doutrinas, uma quantificação do mal — e que é isso o que permite *comparar*

---

certa flexibilização no respeito aos direitos constitucionais em nome de se salvar o País da inflação; e também o artigo de Gilberto Velho, "A vitória de Collor: uma análise antropológica", na revista *Novos estudos Cebrap*.

15. São, na verdade, distintas ênfases. Ambos estão conscientes dos dois trajetos. Mas Maquiavel enfatiza como o político que procura o bem se perde, enquanto Mandeville mostra como uma sociedade, perseguindo o mal, chega ao bem. Isso se prende ao que chamei o aspecto negativo e positivo, respectivamente, de Maquiavel e Mandeville.

um mal a outro, *medi-los* um pelo outro, e assim saber como *dosar*, como *escolher*.

Antes deles, o mal era da ordem da qualidade, não da quantidade. A oposição entre bem e mal não comportava matizes. Com eles, com sua mensuração implícita, podemos falar em mal maior e menor, em bem maior e menor, e — o que realmente importa — em bem que produz mal e mal que produz bem. Como somente se quantifica o que tem uma natureza, qualidade ou substrato comum, passa-se a entender que entre bem e mal — como, na vida social, entre fiel e herege, entre associado e adversário — algo se compartilha, algo há de comum a ambos. Esse ponto comum entre bem e mal está no efeito que um ou outro produzam na vida humana. O que se pode medir no bem e no mal, e que portanto os relativiza, é o seu resultado — positivo ou negativo — para o ser humano, melhor dizendo, para a nossa vida em comum. O foco se desloca, do absoluto que era cada um dos termos em sua irredutível oposição, para a vida social, em relação à qual eles passam a ser medidos. Os valores não mais se aplicam à vida, como que mecanicamente, dando notas a nossas ações, boas ou más. A quantificação dos valores é o que permite vislumbrar como eles *produzem* a vida social. O salto, na compreensão do mundo humano e, mais que isso, na construção da vida coletiva, é gigantesco. E por isso mesmo não há vida social, política ou cívica que funcione, hoje, sem um débito com Maquiavel e Mandeville.

Assim se entende o que soava curioso nas reações à demissão do ministro Ricupero. Os discursos se centraram, a favor ou contra, nas qualidades do homem, de quem se louvavam as virtudes privadas ou se verberava a suposta hipocrisia. Mas a dificuldade em tratar da coisa pública, em traduzir as virtudes do lar em virtudes públicas ou cívicas é o que melhor exprime o cerne da *dificuldade brasileira em viver a república.* Sempre que se pode, foge-se dessa dimensão, na qual o país é um terrível fracasso, e celebra-se o mundo tranqüilizante do lar ou do indivíduo. Os brasileiros assim se concebem como tendo enormes qualidades como indivíduos, e tremendos defeitos como cidadãos ou governantes.[16] Por isso, aliás, a contrição tem de ser do homem privado, do cidadão Ricupero, que não fala mais em política. Ele se desculpa, os amigos vêm a público, a família o defende. Por isso, a solidariedade é com o indivíduo, uma vez que somos reduzidos ao silêncio político, e cessa todo discurso que tenha por alvo o viver-juntos. Os atos pouco decentes em matéria política contam pouco, porque se concorda que nessa área *nada* será decente. O quc valida um homem, e sua *praxis*, é a decência na vida privada, no lar. Pode-se até lamentar que a política seja terreno sujo, mas — ou por isso mesmo — o que importa é a decência do indivíduo, isolado, ou melhor, asilado na casa da família.

O que se constata é que, ao avesso do dispositivo do pensamento político e social do Ocidente, que engendrou o bem comum a partir dos vícios privados, em nosso país se renuncia à coisa coletiva em favor das virtudes individuais. Sempre que a política se mostra um espaço duro, no qual as relações são mais ásperas do que aceitariam a moral ou a ética, o asilo é nestas últimas — reduzidas, porém, a espaço da vida privada estrita, a lar

16. Pela mesma época em que sucedeu o episódio das parabólicas, a conclusão da novela *Fera ferida* era significativa a respeito: uma cidade assolada pelo coronelismo e a ganância se regenerava, depois da tragédia, graças ao espírito empreendedor de seus trabalhadores, que constituíam várias pequenas empresas. No âmbito político, porém, continuava a cidade a ser governada pelos mesmos velhos padrões. Ver o artigo "O Brasil pela novela", sobre essa arriscada utopia de uma sociedade que se regenera sem a política ou a despeito dela.

acolhedor (é significativo que alguns críticos do então ministro tenham sido acusados de invadir-lhe "a privacidade").

Não temos aquela ponte que faz o social emergir, como seu produto, das relações interindividuais, aquela ponte que faz as vantagens públicas brotarem dos vícios privados. Com isso, perdida a base pouco ética, mandevilliana, do social, sistematicamente o remetemos a um fundamento mais ou menos sagrado (o recorrente "salvacionismo" em nossa política). Mas esse solo santo contrasta de forma brutal com a empiria aviltada, com a lama do cotidiano, e por isso não permite estabelecer mediações entre um e outro.

A passagem entre um sagrado que nunca se encontra e uma vileza onipresente acaba sendo efetuada, pois sem ela não teríamos mais nenhuma vida social. Mas quem a promove são personagens mais ou menos isoladas, de escassa identidade, nas quais um imaginário forte se projeta, e que por isso mesmo geram enorme frustração *a posteriori*. O mérito de Ricupero é que ele não cumpriu esse papel. O perigo para o Brasil foi que Collor — como hoje não poucos pregadores religiosos, comunicadores de televisão ou rádio, desde jornalistas de melhor nível até os do mundo cão — ocupou esse lugar. Aliás, aqui está o problema de todo empenho demasiado grande na ética: como o seu custo é altíssimo, tão alto que não consegue modernamente produzir a vida social e se confina no lar e nas relações íntimas (e isso nem sempre, porque nem aí somos integralmente éticos: olhe-se o que são as relações de casal), a proposta de colocar ética na política muitas vezes serve para ocultar manipulações, mais que para produzir uma vida social decente. Talvez aqui tenhamos outra versão do problema de que tratei no "Intermezzo variado": ali, eu falava de uma hipertrofia do presente, já que o passado não nos funda e o futuro não nos sorri como construção por se fazer; aqui, a questão é como a política nos amedronta e a intimidade nos conforta. Hipostasiamos a intimidade, intensificamos o presente, multiplicamos o igual por si mesmo, refugiamo-nos na clonagem.

Mas enquanto não conseguirmos adotar a equação ocidental, ou — melhor ainda — enquanto não conseguirmos um caminho que seja novo, para articular o pessoal com o social, o privado com o público, o interesse com a política, estaremos presos a um movimento pendular, entre vícios e virtudes, pessimismo e otimismo, desalento e ilusão.

Da política da corrupção

1. SOMOS TODOS CORRUPTOS? (*OU* A INSUFICIÊNCIA DA ANTROPOLOGIA, PARA EXPLICAR A CORRUPÇÃO)[1]

Cresce em nossa sociedade uma tendência a considerar a corrupção como um traço cultural que faz, de todos, seus cúmplices. Há alguns anos, diante das denúncias de corrupção que se avolumavam, no rescaldo do *impeachment* do presidente Collor, um líder empresarial afirmou: "Somos todos corruptos".[2] "Todos" significaria, no caso, todos os brasileiros. A identidade nacional passaria pela corrupção generalizada.

Essa tese foi contestada e mesmo ridicularizada em seu momento; mas, ao longo da década de 1990, ela alcançou forte recepção, a ponto de praticamente definir as linhas mestras pelas

1. Esta primeira parte retoma — mas remanejando-o muito — artigo publicado na *Folha de S. Paulo*, com o título de "A corrupção como regime político", na p. 1-3, em 7 de dezembro de 1993.

2. Trata-se do já citado empresário Mário Amato.

quais mais se comentou a corrupção no País, ou melhor, a sensação de seu alastramento. A mídia insistiu na idéia de que não há corrupção sem uma *cultura* de corrupção. Essa última só prospera por ter o endosso, ainda que tácito, de quem está à sua volta — de todos os que consideram legítimo, aceitável ou compreensível estar à margem da lei. Contudo, argumentarei aqui que essa tese é *correta, porém insuficiente*, levando a uma *leitura empobrecedora do fenômeno da corrupção.*

Mas começarei por tecer seu — merecido — elogio. Essa tese abriu uma rica perspectiva. Se a chamarei de abordagem *antropológica* do fenômeno da corrupção, será porque considera as significações enquanto fator decisivo na produção das condutas. Com efeito, a antropologia mostra como as vivências se organizam em sistema, de modo a gerar — ou reiterar — atitudes, atos e mesmo instituições. É esse o aspecto *positivo* de uma leitura antropologizante da corrupção: mostrar como esse fenômeno não se abate, de fora, sobre a sociedade brasileira, mas lança, nela, raízes profundas. Se compartilhamos, os brasileiros, atitudes que tornam a corrupção uma linguagem mais ou menos comum — embora esteja longe de ser a única ou mesmo a predominante entre nós —, eliminá-la de nossa vida política e social necessitará dar conta de suas ramificações. Daí, a insuficiência de qualquer abordagem apenas voluntarista ou jurídica do problema.

Uma sociedade na qual grasse a corrupção dificilmente consegue conservá-la à sua margem. Ela tende a corroer todas as relações sociais. Afeta tanto a sociedade quanto o Estado. Seria estranho corromperem-se apenas as estruturas de poder formal, enquanto se manteriam puras as relações sociais não-mediadas, ou menos mediadas, pelo poder público. E no entanto essa é uma ilusão aqui muito repartida — a idéia de que a sociedade, ou o Brasil "do B", seria limpa, sendo corrupta somente a política. Daí o mérito de mostrar que a corrupção não poupa quem está fora do poder formal.

Finalmente, essa idéia é positiva em alguns de seus efeitos práticos. Exige uma cidadania mais ativa, uma responsabilização de todos, uma postura ativa em relação aos poderes, que deixam de ser vistos como externos a quem, por seu voto ou inação, os constitui. É também correta pelo menos em parte de sua base teórica — já que pensa a *res publica* como fruto da ação coletiva e não como resultado de uma autoridade ante a qual os cidadãos se reduziriam a meros súditos, passivos.

Contudo, sendo notórios os aspectos positivos de uma antropologia da corrupção, agora cabe apontar suas *limitações*. Elas também são tanto *práticas* quanto *teóricas*. Do ponto de vista prático, sua maior falha consiste em igualar a todos, ignorando os distintos graus de responsabilidade que há em torno da corrupção. Isso dificulta a ação política necessária para identificar e punir os principais responsáveis pela rede de corrupção, bem como para rastrear as instituições e costumes que mantêm essa contrafação do Estado de direito.[3]

Já do ângulo teórico, essa abordagem, embora trate de *costumes*, perde de vista o alcance *político* desses mesmos costumes. Resulta disso uma tendência, muito mais aliás na imprensa que no trabalho acadêmico, a remeter a uma suposta comunidade cultural como *causa* da corrupção, e a sugerir vagamente que só

3. Exemplo disso ocorre quando a imprensa denuncia, com veemência, uma irregularidade técnica menor, ou um ato ilegal que com freqüência se explica pelo contexto de uma sociedade que dificulta seguir a letra ou mesmo o espírito da lei. Embora tais atos sejam errados, não se pode comparar um ato de corrupção, quase eu diria, pontual e "defensivo", àqueles que *estruturam* a sociedade de maneira corrupta.

uma reeducação de todos nós alteraria esse quadro. O erro está em reduzir o antropológico, que na verdade é uma construção coletiva de significações, a uma multiplicação de psiques — as quais somente se corrigiriam mediante um trabalho do qual se exclui aquilo que é propriamente político.[4]

Ora, contra isso sustentarei uma primeira tese: que para conhecer-se o fenômeno da corrupção, em nossa sociedade, deve-se combinar a leitura antropológica com a política. Os costumes, na corrupção, não são uma vaga descrição de modos de ser, de *ethoi* privados, mas sim *a questão política por excelência*. Discutir a corrupção é tema de uma *antropologia política*: aqui estamos na charneira em que os costumes e a política se exigem um ao outro.

Somente dessa forma se irá além de uma visão estritamente *moral* — no sentido fraco, ineficaz, do termo — da corrupção. Porque esta é o ponto de engate entre a ética e a política, entre a moral e a coisa pública, entre os costumes e os poderes. A ênfase — que é o mérito da leitura que chamo *antropológica* da corrupção — no "caldo de cultura" em que a corrupção cresce, ou seja, nos costumes que a reproduzem, não pode fazer esquecer que *tais costumes são, por definição, políticos*. Isso significará, também, pensar a política mais pelo afeto que pela razão.

Estamos acostumados a conceber a política como terreno no qual os interesses se fazem linguagem, negociação, contrato. A política moderna é, em boa medida, isso: uma *racionalização* da relação com o outro. Na modernidade, o contato foi substituído pelo contrato. O que havia de espontâneo, físico, confuso no primeiro foi convertido nas formas racionais, elaboradas,

4. Vê-se que, apesar do título desta seção, não estou criticando a antropologia enquanto tal, mas uma utilização dela que, primeiro, a reduz a um somatório de psiques, e, segundo, corta seu engate na política.

precisas do segundo. Mas essa mudança não liquidou a base *afetiva* do estar junto com o outro. O erro da maior parte dos teóricos modernos da política está em formatar uma sociedade ou um Estado, e não perguntar *por que* as pessoas ficam neles, por que obedecem a suas ordens, por que convivem umas com as outras. Toda a equação moderna, mandevilliana em sua realização acabada, de que aqui tratamos, teve êxito na medida em que enfatizou o *como* — mas também desqualificou o *por quê*. O Estado desenvolvido funciona quase por inércia, no jogo dessa transcrição do egoísmo individual em bem público. Contudo, se a ordenação das relações pode ser uma tarefa racional, vivê-las — ou investir-se nelas — diz respeito a *outro* registro, o do afeto. Neste, a razão funciona menos, e os costumes têm enorme importância.

E aqui a contribuição de Montesquieu é fundamental. O pensador francês nos interessa por duas razões. A primeira é que, em seu *Espírito das leis*, ele mostra que não há dominação política sem um engate afetivo. Há três regimes, afirma, a monarquia, a república e o despotismo, e cada um tem uma determinada estrutura de governo[5] — mas nenhum deles assegura a *obediência* de seus súditos, nenhum deles garante a *recepção* de suas ordens, se não dispuser de um forte engate afetivo nessa massa de governados. Os teóricos que racionalizam a política, os quais critiquei no parágrafo anterior, erram porque só pensam a *produção* do poder, sua instituição ou suas instituições, mas esquecem como ele funciona — e esquecem que ele funciona mediante a recepção, afetiva, de suas instituições pelos cidadãos. (À estrutura do poder, chama Montesquieu de *natureza* de um regime; ao engate afetivo, de *princípio* que o faz funcionar.) Está aqui o eixo da questão *política* dos *costumes*.

5. *Espírito das leis*, livros II e III. A primeira edição dessa obra data de 1748.

Costumes são o princípio de funcionamento de um governo. São eles que produzem a obediência, a recepção simpática às ordens que de cima emanam. Sem eles, as instituições, as estruturas de poder dão em nada. Não há poder que funcione sem um aval daqueles que a ele obedecem. Esse aval não precisa ser entusiasta. Quase nunca o é. Mas ele resulta, mais que do exame de cada medida do governante, de uma linguagem comum que articula a sociedade, o viver em conjunto. Compartilhamos, com quem está no poder, uma série de valores que fazem de nossa obediência a ele a saída óbvia, evidente, adequada. Pode o governante abusar; mas, se concordamos com a liturgia que cerca o seu cargo, se entendemos, por exemplo, que ele deva estar bem vestido, que se lhe deva tributar respeito por suas altas funções, ficará difícil a revolta, ou mesmo a desobediência. E assim também os costumes funcionam como cimento da obediência, como linguagem comum pela qual nos entendemos, pela qual constituímos nossa coisa pública, no caso republicano, ou nossa contrafação da república, quando a corrupção se generaliza.

2. CORRUPÇÃO E DEMOCRACIA

Nosso segundo débito com Montesquieu está na relevância que ele atribui à república, especialmente quando trata da Roma antiga. Sem dúvida, nosso autor pensa que a república é regime ultrapassado, que não se pode recuperar no presente. Mas antes de sorrirmos do que parece constituir um monumental erro de Montesquieu — cometido apenas quarenta anos antes de se formar a República dos Estados Unidos e cinqüenta antes da I República Francesa — notemos que sua tese da impossibilidade moderna da república leva em conta o *princípio* desse regime e não a sua *natureza*.

Quando a modernidade recupera a república, há pouco mais de dois séculos, ou, no correr do século XX, a generaliza, o que ela retoma desse regime é o que Montesquieu chamaria sua *natureza* — ou seja, a estrutura de poderes. Alguns postulados desse regime voltam assim a ocupar a cena: a idéia de cidadania, a igualdade em direitos, a liberdade de opinar e, sobretudo, a escolha dos dirigentes em eleições. Contudo, o fundamental é que a república moderna somente se torna possível ao *descartar o princípio* que regia a antiga. A este princípio, Montesquieu chamava *virtude*, por ele entendendo algo próximo de *abnegação*: a capacidade de fazer o bem comum passar à frente dos interesses privados. Montesquieu está consciente da extrema dificuldade que há em conseguir isso — daí que insista, primeiro, em que tal regime vai contra a natureza humana (que nos orienta para a vantagem pessoal); segundo, em que somente uma educação intensiva fará nossa natureza egoísta ceder lugar a costumes abnegados, à virtude na coisa pública. Daí, finalmente, que essa república somente apareça nas exceções. Ela funcionou em poucas cidades da Antigüidade, em outras raras da Idade Média findante e da modernidade — e, quando funcionou, congregou apenas *uma parte* da população (sabe-se que em Atenas as mulheres, os escravos e o forte contingente de descendentes de não-atenienses estavam excluídos dos direitos cívicos). A república é exceção no tempo, no espaço, no número. Ou, se quisermos, ela está no remoto: a república é o nome da política que hoje se tornou impossível.

Ora, quando a república moderna se constitui, seus fundadores sabem que ela não pode retomar o antigo princípio da virtude, ou abnegação. A modernidade somente admite uma vida cívica que seja de baixo custo. Ela quer a natureza da república, mas sem o seu princípio. Deseja liberdade, igualdade, eleições — mas não pode pagar o preço da virtude. Assim, se tivermos uma república, será com outro princípio, com um novo engate afetivo.[6]

Curiosamente, dos três engates afetivos que Montesquieu apresenta, fundando os seus três regimes políticos, o que mais se aproxima da república *moderna* não é o da república *antiga*, e sim o da *monarquia*. A monarquia, em Montesquieu, se funda no princípio da honra. Tal princípio, diz ele, é um preconceito, pelo qual cada um deseja a precedência sobre os outros. Filosoficamente, esclarece nosso autor, esse princípio está errado — mas *na prática* traz a extraordinária vantagem de limitar, *a baixo preço*, o poder que o monarca desejaria ter sobre a sociedade. A altivez de cada um, ou pelo menos a de cada nobre, serve de limitador às ambições do rei: ele não se converte em déspota, apenas, porque teria de enfrentar a excessiva opinião vaidosa que cada senhor tem a respeito de si mesmo.

Como, dos três regimes, um é o da prepotência e da desmedida — o despotismo —, e por isso só nos restam dois que sejam moderados, decentes, adequados a seres humanos — república e monarquia —, disso se conclui que, se quisermos viver numa condição digna de nossa espécie, se quisermos não estar à mercê de um soberano arrogante e caprichoso, nossa escolha dependerá sobretudo de quanto *nos disponhamos a pagar*. Se nos dispu-

6. Alfredo Attié, em sua tese de doutoramento sobre Montesquieu, que orientei, afirma: "Se o despotismo já não é *mais* política, quase que podemos afirmar que a democracia *ainda* não a constitui plenamente. Falta a libertação humana do *sentimento de fraqueza*: onde todos controlam, podemos temer tudo, somos iguais nos *receios*" (cap. II). Essa idéia converge com uma que expus sobre Hobbes, a de que o ingresso na sociedade civil atende a um direito essencial, o dos homens a serem *covardes*, a não precisarem ter coragem, ou a lhes bastar uma "coragem feminina", mitigada, reduzida (*Ao leitor sem medo*, cap. III). Evidentemente, a república com princípio monárquico, que aqui exponho, é uma democracia na qual se permite o sentimento de fraqueza, ou a coragem feminina.

séssemos a pagar um preço alto, estaríamos capacitados para a república. Mas, como nossa sociedade não quer arcar com o alto custo da cidadania — que se chama virtude, abnegação —, a única saída que nos resta é o princípio monárquico: *algo que seja errado do ponto de vista filosófico, mas funcione, na prática, limitando o poder de quem manda.*

Evidentemente, nem nos passaria pela cabeça retomar o princípio monárquico tal e qual: a honra. Essa última é tipicamente um cimento social de Antigo Regime,[7] que nenhum cabimento teria em nossos dias, e isso porque confere maior importância à reputação do que a qualquer outra coisa, seja o dinheiro, seja a própria vida. Quem de nós, numa sociedade que se considere civilizada (no sentido que hoje tem esse termo), estará disposto a jogar a vida fora por um muxoxo de pouco-caso, por um olhar de través? Mudou o que priorizamos como valores, na vida social: a honra se esvaziou; e isso por dois lados. Primeiro, porque o dinheiro tomou a sua dianteira. Fica quase incompreensível um episódio como o do duque francês, do século XVIII, que repreende o filho que voltou da festa com todo o dinheiro dado pelo pai — e mais algum, que ganhou no jogo. O duque joga a bolsa pela janela: dinheiro era para gastar, não para ganhar. E um segundo fator de esvaziamento da honra é que sobre ela prevalecem, em nossos dias, a intenção e a intimidade. Um homem de honra matava, ou morria, por uma aparência, por uma ninharia. Uma pessoa civilizada, nos termos de hoje, procura ver qual foi a intenção; confere menor importância à opinião alheia; aliás, será tanto mais madura quanto menos levar em conta a opinião dos outros (e note-se, *en passant*, como fica difícil a vida política, toda ela feita de opiniões alheias,

7. Ver meu *A etiqueta no Antigo Regime*, São Paulo, 1999, Moderna, 4ª reimpressão.

quando levá-las em conta nos reduz a uma sociabilidade de fofocas e à imaturidade psíquica).

Mas, se afirmei que o princípio monárquico foi o que deu certo para fundar a república moderna, não me referi com isso ao *conteúdo* que Montesquieu atribuía a esse princípio (a honra), e sim à *forma* que ele tão sagazmente delineou. *O princípio monárquico está — mais que na honra — na idéia de um erro teórico, e moral, que dá certo na prática.* Pois é a partir dele que se constrói toda a vida social e pública na modernidade. A concorrência capitalista está do lado desse erro moral, ou dessa moral minimizada: não consiste ela no empenho em maximizar os ganhos, em intensificar o eu, em desativar — na medida do possível — o outro? Não é somente o modo como tudo isso se articula que permite que, em vez de chegarmos ao desastre total, construamos uma sociedade que, mais ou menos, funciona?[8]

E no entanto a questão da corrupção assim se complica. Se a república moderna admite o erro moral, desde que este não seja excessivo, se ela faz mostra de um certo laxismo moral, se lida tão mal com os intransigentes, mesmo da honestidade, com os xiitas — disso não resultará que *a corrupção faça parte da república moderna*? Ao se aceitar para a república um fundamento

8. Essa afirmação pode soar quase absurda. Afinal, a honra é valor tipicamente aristocrático, cujo alcance o capitalismo reduz. Eu mesmo o afirmei, em *Ao leitor sem medo*, quando priorizei no pensamento de Hobbes a luta pela honra sobre a competição capitalista.

Mas o leitor entenderá que aqui não se iguala o *agon*, ou luta, dos aristocratas ao dos burgueses. Mantém-se a diferença entre honra e concorrência capitalista. O ponto importante é que nos dois casos a sociedade se constitui e se mantém pela luta e não pela harmonia — e que nessa luta dificilmente haverá algo a que poderíamos chamar o Bem.

mais leve do que a virtude, a via se terá aberto para tornar tolerável a corrupção. Esse é um problema, aliás, que não afeta só o Brasil ou o Terceiro Mundo, porque aparece em tudo o que é país, até nos mais ricos e desenvolvidos.

Contudo, as coisas não são tão simples — antes de mais nada, porque não dá para comparar a corrupção nos diferentes regimes, pela singela razão de que só nas repúblicas ou democracias ela se coloca como problema. Ela só constitui questão nos regimes constitucionais, no Estado de direito, lá onde a relação entre os cidadãos e seu governo se baseia na lei. Isso pode soar estranho. Se retomamos os três regimes de Montesquieu, à primeira vista nos sentimos tentados a afirmar que o despotismo é deles o mais corrupto; seria corrupto (diríamos) por essência. Assim como degrada as relações públicas em pessoais, a lei em capricho (ou arbítrio) e o poder em força (bruta), o despotismo também reduz o campo artificial constituído entre os homens a espaço físico, a cultura a natureza, a humanidade a bestialidade. Mas evidentemente não se pode falar em algo que seja "corrupto por essência", já que a corrupção sempre se mede *relativamente* a um padrão, a uma essência, e assim um padrão corrupto é uma contradição em termos: só ocorre corrupção ou degradação *contra* a medida de um grau, assim como só há degeneração ou desmedida quando se tem por referência um gênero ou uma medida. Do despotismo, por isso, tudo o que se poderá dizer é que representa o máximo de corrupção de nossa natureza humana, mas não que ele é a corrupção de um regime político, vale dizer, de si mesmo.

Já a monarquia de Montesquieu — obviamente constitucional,[9] porque, se não o for, se aproxima do despotismo — é um

9. A monarquia de Montesquieu é constitucional, mas não nos termos em que hoje existe, por exemplo, no norte da Europa. Se ela fosse um regime par-

regime que exige pouco de nós, dado que aposta em nossos preconceitos. Daí que a corrupção tenha lugar, quase por definição, justamente *onde se exige muito*: no único governo que, para viver, requer a virtude dos súditos. Assim, se a democracia[10] cobra muito de nós (pede que superemos pela virtude nossa natureza, egoísta, parcial), o risco nela é que a corrupção inscreva o despotismo, isto é, a morte da coisa pública, em seu seio. *A corrupção é o que mata a república* — essa frase, que parece não passar de oratória, assume, no pensamento de Montesquieu, exatidão conceitual. Por isso, a corrupção constitui problema para a democracia e não para o despotismo: naquela, ela é morte; neste, ela é sua própria vida.[11]

Esse fato básico, a articulação entre democracia e corrupção, pode encaminhar a resposta a uma questão hoje freqüente. Muitos se perguntam se os altos níveis de corrupção constatados no Brasil — desde que terminou a tutela militar, em 1985 — seriam coisa nova, trazida pela democracia, pelos civis, ou se ela

---

lamentarista, estaria mais perto de uma república. O eixo da monarquia de Montesquieu está na desigualdade social que serve de contrapeso ao poder do rei. Supõe-se assim que o monarca tenha um poder — digamos, o executivo — e que uma aristocracia também possua poder para limitá-lo. Esses dois pontos desapareceram dos regimes monárquicos constitucionais, nos últimos duzentos anos.

10. Sei que Montesquieu fala em "república", e eu, aqui, em "democracia" — que são dois conceitos distintos. Mas, na prática, hoje os termos tendem a coincidir: as democracias são republicanas de fato (mesmo quando têm uma "rainha da Inglaterra" à sua testa), ao passo que as repúblicas dignas de seu nome são necessariamente democráticas. De todo modo, sobre a distinção entre democracia e república, ver meu artigo "República *versus* Democracia", em livro em fase de conclusão.

11. Antônio Carlos Santos, em mestrado que orientei — *A política negada: poder e corrupção em Montesquieu* —, observa que "o máximo que os homens podem fazer é neutralizar a corrupção pelo próprio regime político, sobretudo republicano, à moda de Mandeville" (p. 188).

já existiria antes, em alto grau, porém ocultada pela censura e pela ditadura. Ora, é provável que a corrupção fosse maior sob o regime militar, tanto porque ela melhor viceja fora do controle de uma opinião pública, quanto porque foi aquele o período de grandes obras de engenharia, que ensejam comissões à larga.

Contudo, isso aqui pouco importa. Não estamos lidando com questões de fato, mas com suas *condições de possibilidade* (e, acrescentaria, de efetivação). Na ditadura moderna, como no despotismo antigo, a corrupção é da alma do negócio. É fortíssima, mas não perturba o regime, porque define-o o uso privado da coisa pública. Ela se torna problema com a democracia. Pois a corrupção é fatal ao regime da liberdade. Se a corrupção faz parte dos *mores* da monarquia, e é o costume central e essencial no despotismo, é na democracia que ela constitui o fantasma assassino.

E contudo — ou será por isso? — esse mesmo regime, ao qual a corrupção pode ser fatal, tem modernamente um engate afetivo facilitado: a busca do interesse privado e não mais a virtude. Esse novo engate exige menos da república moderna que da antiga, e por isso favorece a corrupção. A república antiga vivia obcecada por excluí-la: um intenso e incessante trabalho pedagógico buscava esconjurá-la. Modelos se apresentavam aos cidadãos, para educá-los na primazia da coisa pública sobre o desejo ou interesse pessoal. Lembre-se Múcio Cévola, que, por haver falhado na ação patriótica de matar o tirano inimigo de Roma, queimava o próprio braço numa pira, sem proferir um gemido sequer de dor.

A *pólis*, ou a *civitas*, assim se constituía ao arrepio dos interesses e desejos privados, assegurando a primazia do bem comum, da pátria, da coisa coletiva. Não é o que sucede com a república moderna: essa não funciona reprimindo os interesses, e sim realizando-os, ainda que de forma indireta. Por isso, quando os interesses privados e o bem comum entrarem em conflito, de duas uma: ou a engenharia política será capaz de fazer, uma vez mais, o egoísmo desviar-se, por uma complexa rede de canais, até engendrar o bem comum, ou este último falirá, em favor das vantagens particulares. O que não teremos será o amor à pátria ou à coisa pública enquanto tais, a dedicação ao bem comum só por ser, ele, o bem comum.[12]

Esta é nossa segunda tese. A primeira era que a corrupção não se pode examinar apenas do ponto de vista de uma *cultura da corrupção*, e que o olhar antropológico é insuficiente, se não se fizer político, para explicar o que são costumes corruptos. A segunda é que a corrupção só constitui problema para os Estados democráticos (que aqui mais ou menos identifiquei aos republicanos) — e um grande problema, talvez o maior de todos. Porque a república moderna, exigindo pouco de nós, tolera mais em seu seio uma corrupção que, contudo, continua sendo seu veneno específico. Se a corrupção não ameaça a ditadura, mas, ao contrário, até a alimenta, quando ministrada à democracia ela pode ser fatal. E ao mesmo tempo essa corrupção é quase nutrida pela vida social de baixo custo, que é a condição para existir a nossa democracia moderna.

3. A CORRUPÇÃO COMO FURTO *OU* DA PRIVATIZAÇÃO DA COISA PÚBLICA

Talvez o melhor indício da situação claudicante em que vive a república moderna, do ponto de vista da ética, se apresente numa mudança quase despercebida, que afetou a palavra *corrup-*

12. Podemos ter patriotada, mas essa não passa de um sucedâneo malfeito do amor à república.

ção. Para os antigos, ela definia a degradação da coisa pública por meio da usura dos costumes. Hoje, ela se reduziu a coisa tão limitada como o mau trato dos *dinheiros* públicos.[13] Evidentemente, há ligação entre um sentido e outro. Para que funcionários ou magistrados exijam — ou aceitem — suborno, é preciso estarem desgastados os costumes;[14] e é isso o que reduz a força do regime político que mais exige o respeito ao bem público: a democracia. Com efeito, alguns traços da democracia antiga valem ainda para a democracia moderna. Deles, enfatizo um: que a democracia é, dos regimes políticos, o que *mais exige* dos cidadãos. Somente nela, as mesmas pessoas que obedecem mandam. Somente nela, portanto, não se legisla basicamente para os outros, mas para todos, isto é, para si mesmo e os outros. Isso requer um grau de autodisciplina desnecessário em outros regi-

13. Retomo, neste terceiro item, conferência que pronunciei em Campo Grande, em agosto de 1994, no I Seminário Nacional sobre a Corrupção, promovido pelos profs. Léo Rosa de Andrade e Ido Luiz Michels, da Universidade Federal de Mato Grosso do Sul.

14. Na linguagem corrente dos brasileiros, basta ver como mudou o sentido do verbo *peitar*. Ele sempre significou "corromper com dádivas, subornar", mas, de quinze anos para cá, assumiu o sentido de "enfrentar", de ter coragem, adquirindo uma nova derivação, desta vez do étimo *peito*, e não mais de *peita*.

Essa mudança de sentido pode parecer fortuita — mas é significativa, pelo menos, de uma valorização *positiva*, incidindo agora sobre um verbo que antes tinha sentido negativo, por designar o suborno. A coragem entra lá onde, antes, estava a corrupção. Isso tem a ver com o que desenvolverei no último capítulo deste livro — o parentesco entre corrupção e liberdade, ou a passagem da corrupção à liberdade.

Mais curioso é que *peita*, hoje em crescente desuso, venha do latim *pactu*, ou pacto. Isso pode dar a entender que, numa cultura como a portuguesa, menos afeita que as anglo-saxônicas à negociação e ao contrato, o vislumbre deste último soasse como coisa altamente desonesta. Pactuar somente se faz *contra* a coisa pública. Um pacto que se celebrasse juntaria o funcionário, ou o magistrado, e o indivíduo privado, mas estando todas as partes de acordo em violar o patrimônio público. Um contrato que *funda* a coisa pública é impossí-

mes. É esse o sentido da virtude.[15] Mas o que resta dela quando seu elevado teor de exigência foi substituído pelo laxismo, pela fadiga, descaso e indiferença?

Penso, porém, que a causa do desgaste está em outro lugar. É que se tornou praticamente impossível entender que a coisa comum tenha uma especificidade própria. Quando falamos em coisa pública, concebemo-la pelo molde dos bens ou propriedades privadas. O crime contra o bem comum não é entendido como diferente, qualitativamente, daquele que atenta contra o bem particular. A corrupção acaba identificada a uma desonestidade qualquer. Perde-se de vista seu sentido de desagregação do espaço público, como coisa bem pior que o prejuízo causado ao particular. Esquece-se seu efeito multiplicador do mal — melhor dizendo, seu efeito *divisor* desse bem que seria a vida social.

A noção atual de corrupção procede da assimilação da coisa pública à particular. Reduz-se a furto. Daí que se possa falar em "político ladrão", ou que a multidão que assistia à saída de Col-

---

vel, impensável. Negociações sempre são insidiosas, sorrateiras. A solidez e densidade do bem comum, ou da coisa coletiva, somente se poderiam dever à natureza ou a Deus; portanto, a idéia de que pudessem *provir* de um pacto nem sequer viria à mente, pois isso os fragilizaria por completo.

Em outras palavras, nossa língua — ou o hábito que ela indica — seria anticontratualista. Nessa simples derivação de peita a partir de pacto, estaria a idéia de que, jamais, a sociedade ou a coisa pública pudessem se basear num acordo puramente humano. Na expressão *bem público*, a ênfase estaria no bem mais que no público: porque se pode conceber que este último venha de negociações humanas, demasiado humanas; mas, do bem, é mais difícil dizer que seja nossa construção: e mais fácil entendê-lo pela ordem divina ou, pelo menos, natural.

15. Embora desde Benjamin Constant ("Da liberdade dos antigos comparada à dos modernos", 1819) se saiba que o mundo moderno conhece uma liberdade menos pública e mais privada, na qual se exige menos da pessoa particular do que entre os antigos, não deixa de ser verdade que a democracia — seja antiga, seja moderna, direta ou representativa — é o regime que mais realiza a *res publica*.

lor *impeached* do Palácio do Planalto, em outubro de 1992, incentivasse a polícia a revistá-lo e bradasse "Bangu II", aludindo à prisão fluminense de segurança máxima: o presidente era corrupto na medida em que roubara.

É bem possível que essa redução da corrupção ao roubo tenha suas bases conceituais em John Locke, que concebeu a vida sob o conceito, para ele mais forte, de propriedade. Se a vida e por extensão tudo o que é direito se vê pensado, no *Segundo tratado sobre o governo*,[16] a partir da propriedade, qualquer *injúria* — isto é, literalmente, qualquer violação do direito (*jus*) alheio — constitui uma violação da propriedade. Por isso o despotismo consiste, antes de mais nada, em roubo. Pouco importa se foi ou não Locke o primeiro a efetuar essa translação de uma forma de poder para uma de crime, de uma questão de direito constitucional e público para uma de direito privado. O importante é que em sua obra se percebe nitidamente como esse deslocamento concorre para a perda do senso do público como algo distinto e superior ao privado.

Será preciso, então, se queremos entender bem a corrupção — e pôr-lhe cobro —, recuperar seu sentido político. Isso significa não mais reduzi-la a furto, não considerá-la como um assalto aos contribuintes, como um ataque ao condomínio. Significa, numa palavra, retirá-la do enfoque proprietário, sob o qual é lida a coisa pública. O bem comum não é apenas um bem, no sentido usual — e restrito — que o capitalismo atribui a esse termo. Ele é bem num sentido também, ou sobretudo, moral, ético: não apenas uma propriedade, mas algo positivo, que se contrapõe ao que é visto como mal ou, pelo menos, como mau. Por isso, se é bom ter, como bem comum, a coisa pública, então o investimento nela não é apenas econômico.

16. Esp. nos cap. II e V.

Torna-se necessário *não pensar a sociedade pelo primado da economia*. A vida social é mais do que a econômica. Talvez isso melhor se perceba, não quando essa vida social funciona bem (o que, aliás, nunca acontece na modernidade), mas quando se degrada para valer (o que também não é a norma, o cotidiano, o usual). Ora, o problema é que entendemos a corrupção como furto: deslocamos um problema de direito constitucional, de relações sociais no que elas têm de mais constitutivo, para uma questão penal de atentado ao patrimônio. Privatizamos, de novo, o público.

Para sair dessa cilada, a primeira estratégia, cuja necessidade salta aos olhos, consiste em recuperar o sentido próprio da coisa pública. É preciso devolver aos costumes, aos *mores*, o lugar central que devem ocupar numa sociedade republicana ou democrática. Vencer a corrupção não é simplesmente assegurar o bom trato do dinheiro público: é garantir o respeito ao outro, a qualquer outro. A questão da corrupção não se resolve com uma boa polícia fiscal. Não é um problema que se concentre no Erário, no Tesouro Público, na Fazenda — ou no policiamento destes. Parece, muitas vezes, que bastaria introduzir nessas repartições uma boa ordem punitiva, um bom promotor ou uma boa justiça, e teríamos solucionado o problema da corrupção. Mas não é assim.

Como a corrupção está no plano dos costumes — mas dos costumes como princípio *político* —, ela diz respeito a mais do que apenas ao Tesouro. Na verdade, diz respeito *a mais do que apenas ao Estado*: ela se refere *à sociedade*, e ao modo como esta articula seu Estado. O erro da posição que critiquei está em priorizar os dinheiros públicos, em por isso pensar as pessoas na posição ou de contribuintes lesados ou de fiscalizados desonestos. Ao se entender a corrupção no Estado a partir da Fazenda Pública, procura-se fundá-la numa "cultura" da corrupção que, na verdade, não passa dos pontos em que esse furto do patrimônio — enquanto erário — público se engata com alguns indivíduos, pensados como contribuintes ou sonegadores, e não como cidadãos. Tudo na sociedade, dessa perspectiva, é *downsized*, fica aquém de sua devida dimensão.

Porque a dimensão correta consiste em dizer que *existe corrupção dos dinheiros apenas como sintoma de corrupção maior, a dos costumes*; que estes não são apenas o modo como indivíduos privados se articulam entre si, ou com a parte corrupta do Estado, mas o modo pelo qual os cidadãos vivem sua sociedade; que é a sociedade, mais que o Estado, o ponto no qual devemos concentrar a atenção de toda análise política; que só a partir da sociedade se entende o próprio Estado. Qualquer estudo teórico da corrupção, ou qualquer medida prática contra ela, exige vê-la nos costumes, politizados, da sociedade. Esta é nossa terceira tese, ou pelo menos o início dela.

4. UM PROBLEMA: ONDE ESTÁ A CORRUPÇÃO?

Aqui, no entanto, quando parecíamos concluir com uma defesa da *res publica* contra a privatização, da cidadania militante contra o fechamento de cada um em seu gueto pessoal, novos problemas surgem. É bonito falar nos costumes; do que precede, parece que chegaríamos a um apelo moral, em prol de uma educação que inscrevesse o respeito ao outro como seu primeiro mandamento. Dele decorreriam todos os demais, inclusive o bom trato dos dinheiros públicos — em vez do caminho contrário, mais aconselhado hoje, em que a moeda predomina sobre quase todo o resto.

Mas esse modelo, de uma solução *educativa* para o desgaste da coisa pública, não basta. Ele suscita um sério problema: supõe a possibilidade de restaurar, hoje, a república antiga.[17] Aposta pesadamente na educação, no senso cívico, e esquece a necessidade de uma vida social *barata*. E há mais que isso.

A modernidade inscreve o direito à diferença no cerne do poder político: o conflito é aceito como norma. A maior parte das culturas não-modernas entendeu o conflito como desvio em face de uma harmonia ideal. O certo seria a harmonia. Essa podia chamar-se cosmos, quando se referia à ordem do universo, entre os gregos, ou *iustitia*, na Idade Média, quando remetesse às relações entre os homens. É ainda esse o caso da república clássica: a idéia de corrupção aparece em contraponto a uma certa totalidade homogênea, marcada pela coincidência dos costumes. Por essa razão, deveríamos — todos os cidadãos — adorar os mesmos deuses. A corrupção dos rapazes, pela qual Sócrates é julgado, consiste sobretudo em fazê-los descrer do panteão helênico; não importa se a acusação procede ou não: o que interessa é que estaria numa comunidade de valores o antídoto contra a corrupção, e os sintomas desta última, fossem sexuais, fossem pecuniários, só poderiam provir de uma primordial falta de fé. (O termo *fé*, lembramos, designa tanto aquela que depositamos num deus quanto essa que prestamos a um próximo, à companheira, ao amigo, ao sócio: não espanta que por muito tempo não acreditar em Deus significasse, para tanta gente, não merecer fé alguma, não ser confiável. Um ateu não poderia assinar certidões ou emitir cheques.)

Assim, tão ou mais importante que o avanço que descrevemos do privado sobre o público, é a perda de uma comunidade

17. Seria essa a crítica que um Benjamin Constant lhe poderia dirigir, como a que fez, na conferência citada, aos revolucionários de 1789 que acreditavam possível, no mundo moderno, uma liberdade como a antiga — isto é, uma liberdade do coletivo, e não, como a moderna, do indivíduo.

de valores acentuada, como a que antigamente existiu. Perda, dissemos, mas talvez aqui coubesse outro nome: um *ganho*. Ganhou-se o direito à diferença. Os antigos, para terem sua vida social, precisavam compartilhar um espaço territorial pequeno e, mais que isso, necessitavam ter, com seus próximos, uma comunidade bastante grande de crenças e valores. A proximidade geográfica era quase que uma metáfora do aconchego das pessoas, da comunidade de ideais e sentimentos.

Já nossa vida social barateada, a qual até agora sobretudo critiquei, tem porém a enorme vantagem de permitir que a diferença se manifeste. O antigo, para repartir sua vida com o outro, precisava acreditar nos mesmos deuses; nós, não. Nas comunidades ainda encantadas[18] da Ásia, minha religião dita o que eu como. O homem, nelas, é o que ele come. O hinduísta é vegetariano e respeita o gado, o muçulmano come carne de vaca mas não de porco, o cristão se alimenta de qualquer proteína animal: entrar num restaurante constitui um ato religioso. Isso tem o seu quê de admirável e mostra uma fé que não se confina, como a nossa, em alguns momentos da vida — mas também estabelece fortes limitações ao trato com o outro, à experiência da diferença, até mesmo à disposição de se descobrir a si próprio.

Torna-se inconcebível, ou perigoso, um maometano beber vinho, um hinduísta comer um bife, a um judeu apetecer um pernil. As religiões são mais fortes, mas assim a dissidência fica difícil. É isso o que o mundo moderno não admite — e, não admitindo essa tutela sobre o desejo, deu um passo significativo em direção à liberdade, rumo a cada um escolher, melhor que nunca antes, seu modo de ser.

Aqui está nítido o confronto entre sociedades que compartilham *intensamente* valores que fundam o seu estar juntos, o seu

18. No sentido em que Max Weber fala em encantamento do mundo.

viver em conjunto, e nossa sociedade, na qual o denominador comum se vê reduzido a um mínimo,[19] mas com isso mesmo a expansão, a realização pessoal (entendida, está claro, como individual) alcança dimensão inédita na história.

Disso, o que decorre para a corrupção? Ela, na política antiga, não estava longe da traição à pátria. O desertor, o traidor, o corrupto faltavam de forma quase imperdoável ao bem comum. Ora, nossa sociedade expandiu, de maneira inédita na história, as dimensões do que é tolerável na divergência. Nunca, antes, se aceitou tanto a dissidência; nunca uma sociedade admitiu tanto o desacordo. Aliás, tudo isso era traição — até a mera discordância em face do chefe. Essa ampliação moderna do direito a divergir vem junto com o tornar menos custosa a associação.

É claro que, se é barato viver hoje em sociedade, é também porque estar com o outro foi ficando cada vez *menos* suportável. Possivelmente o ateniense retirasse maior prazer das muitas horas de convívio que tinha com seus iguais, na ágora, do que nós obtemos nos poucos momentos que dedicamos ao voto ou à participação numa assembléia, num sindicato, numa organização. Por isso, a rigor, é difícil afirmar que a vida social seja *mesmo* mais barata do que antigamente. O provável é que ela seja *senti-*

19. Um delicioso significante a comprovar isso é como o conceito matemático do "*máximo* denominador comum" se converte, no uso leigo e figurado, em "*mínimo* denominador comum". Como lembra quem estudou aritmética na infância, era difícil entender por que o *mínimo* múltiplo comum seria um número grande, enquanto o *máximo* denominador comum era pequeno. Esta dificuldade é óbvia, mas o curioso é que, na idade adulta, os leigos em matemática continuem cometendo esse mesmo erro, quando transpõem aquele termo técnico para um uso metafórico, especialmente para aplicá-lo a relações sociais e contratuais.

Isso provavelmente se deva a uma crença implícita de que o que é comum a todos, nosso denominador comum, é uma faixa *mínima* de tudo o que cada um de nós vivencia.

da como onerosa, como muito mais onerosa do que seria para um republicano antigo. E é exatamente isso o que nos faz regatear o que pagamos por ela.

Assim, na verdade, os tempos modernos não baratearam a vida social, cívica, política; o que eles fizeram foi *privatizar* o que a vida tem de relevante, seja nas horas de trabalho (as que Benjamin Constant ressaltou), seja nas de vida íntima, caseira e amorosa. O contato com o outro, sempre que este não reparte nossa intimidade ou o afeto mais próximo, foi-se tornando tão caro que, se não houvesse os meios de barateá-lo, a coletividade sucumbiria.

"Os homens não tiram prazer algum da companhia uns dos outros (e sim, pelo contrário, um enorme desprazer), quando não existe um poder capaz de manter a todos em respeito", percebeu muito bem Hobbes.[20] Basta colocar, no lugar do poder excessivamente visível, demasiado tutelar, que Hobbes chamou de "Leviatã", a mão invisível do mercado e a abertura Mandeville, para que essa frase diga, exatamente, como se orienta o nosso mundo. A tragédia brasileira reside no fato de que os canais de barateamento da vida social, que funcionam no hemisfério norte, aqui estejam mais que emperrados.

Há portanto algo de bastante positivo na relação custo-benefício típica de nosso tempo. O barateamento da vida social não quer dizer que ela hoje seja mais fácil. Talvez, comparando a sociedade moderna com outras, seu custo se tenha tornado quase intolerável, caríssimo. Será essa a razão de pagarmos, pela vida social, o mínimo possível. Mas, por isso mesmo, a vida em comum hoje admite uma série de liberdades que antigamente não existiam. Investimos pouquíssimo na sociedade. Participamos o mínimo possível. Fugimos, sempre que podemos, das reu-

20. *Leviatã*, cap. XIII, p. 79 da ed. Abril de 1974.

niões de condomínio, de sindicatos e de partidos. Isso, porém, vem junto com a expansão da vida privada, ou íntima, compreendida como espaço de nossa realização pessoal — e, nesta, uma enorme diversidade se admite.

Assim, a lógica pela qual nossa sociedade conhece a corrupção, como um de seus componentes talvez inevitáveis, associa-se aos princípios que a fazem mais tolerante com a diversidade de seus membros. Uma mesma tolerância assim beneficiaria dois fenômenos muito diferentes: a apropriação privada do patrimônio público, e a variação dos comportamentos pessoais. A liberdade afetiva seria favorecida pela indiferença em relação a uma comunidade de valores que, também, abre lugar para a dilapidação da coisa pública.

Mas este raciocínio não correrá o risco do conservadorismo? Porque, em última análise, ele associaria a corrupção, como prática que ataca o tesouro público, à velha corrupção dos costumes, da qual eram acusados, sobretudo, os homossexuais e as mulheres que ousassem sair do padrão. O problema, claro, não é este discurso ser conservador — é estar errado: perde de vista o fato elementar de que os corruptos, em sua maior parte, *não são* pessoas que tenham, por exemplo, uma conduta sexual dissidente.

Não são homossexuais, ou mulheres emancipadas, quem mais dilapida o erário: são varões, brancos, de classe alta ou média alta, aparentemente muito "normais". Os grandes bandidos norte-americanos, os que devastam o erário ou cometem genocídio mundo afora, são homens do *establishment*, anglo-saxões brancos e protestantes.[21] Por isso, *até empiricamente*, associar a

21. Os WASPS (*white, Anglo-Saxon, protestants*). É interessante que, quando surgiu essa expressão, nem se cogitou incluir nela, o que obviamente hoje seria essencial, a característica heterossexual.

corrupção dos costumes (leia-se: uma sexualidade mais livremente assumida) à do patrimônio público é um erro enorme. A velha corrupção não é apenas a dos costumes, é em boa medida aquilo que hoje prezamos como liberdade.

Se a corrupção não é apenas questão de dinheiro, nem o bem público mero avatar das propriedades privadas, disso não devemos extrair um apelo à restauração da república antiga e de seu sentimento cívico. A sociedade atual não vive uma comunidade de valores como aquela — e isso é bom. Mas disso se conclui a *impossibilidade* de se replicar uma política à antiga. Foi nesse ponto que parecemos estar a um passo de condenar a moderna desregulamentação dos costumes *sexuais* como degradação dos costumes em geral, e portanto como comprometida com a destruição da coisa pública. Mas não demos esse passo, e convém explicar por quê.

A evidência empírica é que não há ligação entre a liberação sexual e a dilapidação da coisa pública. A teoria deve dar conta dessa evidência. Nossa sociedade capitalista, democrático-moderna, gera corrupção ao mesmo tempo que procura coibi-la. A corrupção erode a república, mas paradoxalmente é engendrada por esta, por ter ela um princípio mais leve que o da república antiga. Como concebemos a cidadania a partir de direitos mais que de deveres, disso resulta uma acentuada *vulnerabilidade* à corrupção. Como organizamos a vida social a partir do interesse mais que da virtude, da necessidade mais que do amor, disso resulta uma ampliada *tendência* à corrupção. Mas por que associar a corrupção do patrimônio público e a perda de um referencial único de valores? Poderemos ter a diversidade de condutas — ou seja, a democracia como leque de liberdades pessoais — sem a corrupção?

Quer isso dizer, porém, que voltaremos à idéia de que a única corrupção hoje identificável seria a do *furto* ao patrimônio público? Não é isso. Chegamos aqui a um paradoxo, mas não acessório e sim constitutivo do tipo de sociedade em que vivemos. O que se perde de vista, quando se critica a república moderna a partir da antiga, é quanto custaria, a nós, a comunidade de valores que havia na sociedade antiga. É comum o jovem que retorna de uma comunidade mais coesa, seja ela indígena ou rural, elogiar o espírito coletivo que ali vigora, a solidariedade, o intenso encontro afetivo, o real interesse de umas pessoas nas outras. Mas muitas vezes não percebe ele que não admitiria pagar o custo disso, se implicasse uma redução de seu direito à diferença, e em especial de sua liberdade sexual. O afrouxamento do elo social é a condição de nossa liberdade.

Contudo, não cabe confundir costumes sexuais e costumes políticos. Os costumes cujo respeito é necessário à *res publica* têm cada vez menos a ver com a conduta erótica e sexual. Assim como, ao longo do século XIX e da primeira metade do XX, a religião deixou de importar à coisa pública — e portanto a república se libertou da preocupação com as coisas da alma —, nos últimos cinqüenta anos a tutela sobre as coisas do corpo deixou de ser considerada essencial para a boa relação com o outro. Repelidas as leis que penalizavam a blasfêmia, o passo seguinte, ainda que tenha demorado, foi mudar a jurisprudência que punia, como atentado ao pudor, um beijo mais ousado, uma carícia atrevida. O Estado renunciou a controlar a fé religiosa, antes de desistir de administrar o Eros de seus cidadãos. Mas isso está ocorrendo, e é bom que assim seja.

Os costumes políticos se referem à vida social, e em especial à relação com o outro que de nós é *desconhecido*. (Daí, aliás, uma razão a mais para que não se confundam com a sexualidade, na qual ocorre uma afetivização da vida, uma aproximação do outro, uma forma de conhecimento.) Os costumes que contam para a república estão no respeito a essa coletividade — a um mundo que, impossível de ser abraçado pelo afeto ou pelo Eros, ainda assim é a condição para que cada um de nós realize seu afeto, seu Eros.

Isso requer, finalmente, pensar o *socius*, o associar-se, o estar junto, evitando duas tendências simétricas e opostas. Um modelo é o do atual militante de esquerda, que se socializa de forma análoga à do cidadão antigo. A comunidade é para ele um fim em si. O partido assim funciona, muitas vezes, como o ideal a partir do qual reconstruir a sociedade inteira. Uma sociabilidade intensificada é sua meta, mas ela é impossível em nosso tempo. Daí, uma trajetória de contínuas decepções, à medida que a sociedade, como se diz, "falta ao encontro". O erro acaba sendo do mundo, ou da sociedade, não da estratégia política. Já o outro modelo — oposto a esse — é o do consumidor, para quem a socialização nunca passa de meio para fins puramente individuais.

Nosso problema soma a impossibilidade e o elevado custo da primeira solução à indesejabilidade da segunda. A militância é inviável como modo generalizado de se viver o social. Ela se funda na ilusão de restaurar, exacerbando-se a pedagogia ou a dedicação pessoal, a coisa coletiva como alvo do amor de todos nós. Ora, o amor é hoje uma afecção privada, ou íntima, ou doméstica. Não pode mais constituir matéria-prima para a vida coletiva. Já a instrumentalização do social por interesses privados (a redução privatista do bem comum, que vê na *res publica* um cofre, e não gente, o tesouro, e não cidadãos) corre o risco de, finalmente, sabotar esses próprios interesses.

O grande problema em substituir a liberdade antiga pela moderna, as virtudes pelos interesses, está em que estes não parecem sustentar nem mesmo a si próprios de forma consistente. A crítica *usual* às virtudes como cimento do social prega que elas não funcionam: seriam desejáveis, talvez (a respeito não há, porém, unanimidade), mas não é possível, hoje, fundar o coletivo nelas. Já a crítica *possível* aos interesses dirá que, se eles barateiam a fundação[22] do social, não conseguem, porém, dar-lhe solidez ou consistência. O perigo da lógica dos interesses é serem eles tão eficazes a curto termo que, no limite, até desfaçam a vida social; e muitas vezes a desfazem, afrouxando os elos por toda parte. Isso quer dizer, portanto, que a equação mandevilliana funciona *até certo ponto*. Ela não é completamente feliz. Não é tão eficaz quanto afirma ser. Cada vez mais, os vícios privados estão-se multiplicando, em vez de engendrar benefícios públicos. Vivemos, mundialmente, os limites do projeto Mandeville — talvez, a sua própria ruína. Eis por que se reativa, tanto, uma busca ética.

Isso quanto à lógica dos interesses, que é vítima de seu próprio sucesso. Mas o perigo da lógica das virtudes, ou da ênfase ética, é sua — flagrante — ineficácia. E talvez por isso ela abra tanto espaço a simulacros, desde o político patife até o bufão da mídia. Porque, se quisermos voltar a formas de linguagem, o problema dos interesses é que são tão prosaicos que acabam liquidando aquele mínimo de poesia, seja ela lírica, seja ela épica, seja ainda dramática, que é necessário para termos elos sociais. E o das virtudes é, inversamente, o de dramatizarem tanto as relações que estas acabam oscilando entre a tragédia e a comédia, entre o choro convulsivo e o ridículo — gestando, vezes sem conta, essa forma bastarda mas tão comum de nossa socialização atual, que é o melodrama ou, ainda, a novela televisiva.

Mas basta. Começamos este livro pelo Brasil, e fomos tratando de temas que o afetam, porém também ao Terceiro Mundo e agora, na corrupção e no descaso pela vida pública, ao pla-

22. Fundação aqui não tem nenhum sentido histórico, de fato, ou ainda inaugural. Quer dizer o modo como se funda — no caso — a relação social.

neta quase inteiro. A *res publica* atual é inevitavelmente adelgaçada, mesmo nos países mais ricos. Está, inexoravelmente, submetida à produção de corrupção. Esta não pode ser vencida em definitivo. Pode ser, quem sabe, contida — porém ressuscitará, pois pertence à natureza de um regime em que o político sofre uma redução de tamanho e de investimento.

Mas haverá alternativa? Precisaremos sempre ativar duas lógicas opostas: uma de pequena ambição mas forte eficácia, que apela ao interesse privado e gera uma ordem social; outra, de enorme anseio mas baixa eficiência, que se dirige à moral, à virtude, mas não consegue ordenar o mundo inteiro. A ênfase de nosso projeto estará em dizer que essas duas lógicas são igualmente necessárias; mas também em assinalar que a primeira é menos eficaz do que imagina, já que esgarça o afeto, corrói os elos sociais e corre o risco de devastar o mundo; e por isso a segunda recupera, em nosso tempo e pelo menos nos países mais pobres, um papel significativo. Talvez ela não ordene o mundo inteiro; talvez não dê conta da globalização dos mercados; mas é ela, e ela quase só, que constrói as socializações possíveis, religiosas, políticas, de empenho no coletivo somado a um forte teor afetivo. A Terra foi devastada, e continuará a sê-lo, mas em meio à aridez pulsam desejos — desejos, é essa a palavra precisa, embora paradoxal — de virtude.

Entre-ato: Corrupção e liberdade

Corrupção e liberdade têm muito em comum. Nascem, ambas, do esgarçamento do forte elo social que existiria num grupo humano mais coeso — aquele no qual todos sentiriam participar de uma "comunidade", nas palavras de Tönnies, aquele no qual a solidariedade seria intensa. Expressam, ambas, uma dissidência em face da ordem. Detêm, uma e outra, forte significação no mundo *moderno*. Argumentamos no artigo anterior que a corrupção tem, na república moderna, uma presença inevitável, decorrente da própria lógica de um investimento rebaixado, barateado, na coisa pública. Mas por isso mesmo precisamos distinguir a corrupção na política da outrora chamada corrupção dos costumes sexuais, que na verdade é um dos sinais fortes da liberdade nos tempos atuais. No último artigo, trataremos da liberdade em seu sentido *político* — e em especial da mudança que ocorre, em nossa época, no sentido do que é a própria política.

Pois quem sabe a corrupção não será o reverso mau e vergonhoso do que, em sua face luminosa, é a liberdade? E se assim for, não será o caso de apostarmos na liberdade, como luz que reduz as trevas da corrupção? Quer dizer, em vez de procurarmos conter a corrupção reforçando o grau, a regra, a ordem, melhor será lutar contra ela em nome de outra desordem, que é a da criação de novas ordens, e de outro desregramento, que é o da emancipação em face das regras vigentes. Nossa ênfase não ficará nos modos de controlar e policiar a desmedida corrupta, mas nos meios de tornar a desmedida — certamente *outro tipo* de desmedida — produtiva e enriquecedora. Em vez de pensarmos na corrupção como o que destroça uma ordem vigente, tida por boa, corroendo-a às escondidas e por dentro, valorizaremos a ação criativa, que suprime uma ordem vigente, tida por má ou inadequada, enfrentando-a sob o sol a pino, substituindo-a por uma nova articulação das relações humanas. Em vez de pensar o mal como sempre congênito às coisas, pensaremos que ele pode ser enfrentado e desfeito desde que às claras. E por aí, longe de vivermos um período de decadência, quer em face da moral tradicional, quer da política antiga, teremos diante de nós a possibilidade de um outro trato da coisa comum aos homens.

Se assim for, ótimo; é o que tentaremos sustentar, nas páginas que nos restam. Mas, se não tivermos êxito nos argumentos, pelo menos teremos terminado este livro falando em ética, em liberdade, em ação.

As duas éticas *ou* A ação possível

A modernidade começa com uma desilusão: quando se percebe que do bem não decorre o bem. Maquiavel faz essa terrível constatação — aquilo que, no plano privado ou pessoal ou religioso,[1] é bom e merece elogios, pode redundar em catástrofe no campo da política. Alguns dizem que, com isso, o pensador italiano terá separado a política e a ética, proclamando a primeira como imoral ou pelo menos amoral. Não é verdade. Maquiavel mostra-se exigente com o seu príncipe, ou seja, com aquele que governa os demais homens: nada mais errado do que imaginar as regras que presidem a sua ação como efetuando uma desqualificação daquela que seria a verdadeira ética, ou seja, a pessoal ou religiosa. Ninguém compreenderá nada de Maquiavel, ou da política moderna, se não tiver isso bem em mente. Podemos, isso

1. É óbvio que esses adjetivos não são sinônimos. Mas, para o que nos interessa, estão bastante próximos, sendo sua diferença sobretudo de *ênfase*: no caráter religioso (e portanto algo altruísta) ou pessoal (e quem sabe egoísta) da boa conduta.

sim, falar em *duas* éticas, como faz Max Weber, nisso claramente tributário do florentino.

O tema das duas éticas, ou melhor, o da segunda ética, da que o estadista pratica, tornou-se nestes últimos anos um dos tópicos centrais da fala de um presidente brasileiro formado nas ciências sociais. Ele próprio um cientista político,[2] parte significativa de sua fala consistiu em atacar a ingenuidade daqueles que pensam que o líder político deveria pautar sua ação por regras morais. Não se pode dizer que o seu discurso, nesse campo, seja original: não pretende sê-lo. Ele e seus partidários retomam, basicamente, o que Weber disse. Isso em nada reduz a *importância* de seu discurso. Ao político, não cabe tanto a originalidade, mas o endosso e a execução. Enquanto no mundo das idéias a novidade, a originalidade contam enormemente, no da ação o que vale mesmo é pôr as idéias na prática. O pensador escreve, o político assina. Os próprios intelectuais têm consciência disso, quando se cansam de apenas especular e procuram um príncipe — um tirano de Siracusa no caso de Platão, um rei da Prússia para Voltaire, uma czarina da Rússia para Diderot — que converta em carne o seu verbo. A essa busca geralmente se segue uma decepção, mas nem por isso quem filosofa sobre a ação deixa de procurar aquele que transforme em prática a sua teoria.

Resumindo, a ética de princípios, que pode ser a do indivíduo privado, é a mais próxima de uma ética tradicional. Não se deve, porém, confundi-la com esta última, já que a tradição consiste em seguir acriticamente uma lista de mandamentos, um gabarito do que é certo ou errado — ao passo que uma ética de princípios, ou valores, supõe que estes tenham sido medita-

2. O nome de "príncipe dos *sociólogos*", dado por alguns a Fernando Henrique Cardoso, tem mais a ver com o constante trânsito interno entre as várias ciências sociais do que com uma denominação precisa de área.

dos, ponderados, refletidos, antes de um sujeito os incorporar e assumir como seus. Mesmo assim, essa ética está perto da tradição na medida em que atribui aos valores uma vigência forte, ou até um caráter absoluto. Não os considera valores apenas porque valem, isto é, porque foram instituídos por um sujeito ao avaliar o mundo e suas circunstâncias. Essa última visão, que, simplificando, seria a introduzida por Nietzsche, soa geralmente fraca a quem defende ou pratica uma ética de princípios. Com efeito, derivar estes últimos dos interesses, da vontade, dos desejos ou mesmo da consciência dos homens reduz-lhes o caráter normativo.

Já a ética da responsabilidade é aquela que se aplica na política — não: melhor dizendo, é aquela que vale sobretudo para quem *age politicamente*. (Agir politicamente, isto é, levando em conta as relações de poder, pensando na construção do futuro, pode fazer-se também *fora* da esfera usual da política: posso agir politicamente na minha vida pessoal, por exemplo.) Essa ética é muito mal compreendida pelo grande público. O maior erro a seu respeito consiste em entendê-la como uma não-ética. Na política, tudo seria válido, já que validado pelos resultados. Mas não é assim que funciona esse tipo de ética.

Essencialmente, trata-se de uma ética da *ação* política, mais que da *instituição* política. Das instituições e da ação, já tratamos, ao desenvolver uma oposição entre Mandeville e Maquiavel. O pensador florentino priorizou a ação. Seu mundo é plástico, está em constante mutação. É visto do ângulo do indivíduo criativo (e aqui Burckhardt o captou muito bem, ao vincular a Renascença à figura do *condottiere*, do guerreiro quase sem princípios que plasma o seu mundo). Já o inglês, autor da *Fábula das abelhas*, confere menor importância ao agir, e maior ao modo pelo qual este se desvia em instituições. Vou tomar um exemplo, no *Príncipe*, para esclarecer este ponto.

Muito se discute quem seria o "herói" do *Príncipe.* Geralmente, essa glória é atribuída a César Borgia, que teria impressionado tanto a Maquiavel que o livro seria quase uma reflexão sobre seu modo de proceder. Em vários pontos o filho do papa Alexandre VI corresponde ao que lemos no *Príncipe.* É um príncipe novo, que não tem em favor de seu poder a longa duração, e por conseguinte a opinião de legitimidade que seus súditos tributariam a uma dinastia consolidada no trono. Alçou-se ao poder sobretudo pelas armas alheias — no caso, as que o pai papa conseguiu, por negociações as mais diversas, estimular.

Portanto, César Borgia não tem em seu proveito nem aquele princípio de inércia[3] que leva os súditos a acatar um rei bastante ruim ou ineficaz, mas cuja dinastia vem desde tempos imemoriais — nem o fato, tão celebrado por Burckhardt, de ser um *condottiere* que por seu vigor próprio conquistaria sucessivas vitórias. Em vez disso, deve ele suas aquisições *à política.* Não detém legitimidade, como pediria a tradição, *nem força*, como entenderia uma leitura apressada do *Príncipe*, segundo a qual da força se seguiria o direito. Pois o *condottiere* burckhardtiano — um Sforza, um Visconti — consegue poder pela força; já o que é notável em César Borgia é ele adquiri-lo pelo bom uso *político* da força, própria mas sobretudo *alheia.* A política assim não é o uso da força, mas sim o uso astuto da força *alheia.*

O problema que se colocava para César Borgia era como assegurar — tão logo morresse seu pai, o papa, e assim se estancasse a fonte de seu poder — a consolidação deste último. Isso significa um *segundo* sentido de política, além do que acima mencionei (canalizar bem as forças alheias, mediante alianças e atos de impacto): garantir a permanência de um poder *no tempo*

3. Para usar um pequeno anacronismo, sem nenhuma importância, dado que a inércia do movimento é estudada só um século depois...

futuro. A política tem a ver com a construção do tempo. Nenhum político, portanto, pode agir apenas considerando o que é certo ou errado segundo os princípios; precisa levar em conta a duração, a continuidade do que faz — numa palavra, os efeitos ou resultados de seus atos.

Ora, não é esse o mesmo modo pelo qual Mandeville abre o mundo moderno. (Assim como se fala, em xadrez, de tal ou qual "abertura", diríamos que existem, nesta partida que é a modernidade, uma abertura Maquiavel e uma abertura Mandeville.) O italiano enfatiza ações que procuram produzir determinados fins. Se não os produzem, isso se chama fracasso. César Borgia assim fracassou. Nem por isso, será ele menos digno de nossa admiração — sempre segundo Maquiavel. César Borgia bateu-se e fez o que pôde (ou quase). De todo modo, a medida da ação está na *produção direta* de seu resultado.

Já Mandeville se interessa por outra coisa. O seu ponto é como ações que visam a um fim, este não político, mas privado, econômico, interesseiro, egoísta,[4] podem ser canalizadas de modo a produzir indiretamente fins que, do ponto de vista social, sejam positivos. Por isso, seu problema é o da *canalização*, isto é, o das instituições que desviam o rumo consciente dos atos.

Nesse sentido, Mandeville pretende exatamente o contrário de Maquiavel. Para o pensador italiano, o importante era preservar o sentido das ações. Bom seria que as ações de César Borgia, orientadas para a conservação de seu poder, dessem certo. Já para Mandeville, o importante é *desviar* o sentido dos atos. Bom será que o egoísmo e a ganância de cada indivíduo resultem *em outra coisa*, em livre concorrência, em progresso econômico.

O ponto de vista do indivíduo, e de sua ação, é o óculo ideal

4. O que não significa que a ação política seja necessariamente desinteressada, altruísta.

de Maquiavel (evidentemente, o do indivíduo *chefe*, líder, estadista ou pelo menos conquistador). Para Mandeville, porém, é fundamental desfocar esse ponto de vista, seqüestrar, de seus autores, os atos. Por isso, enfim, o resultado dos atos fica, para Maquiavel, *aquém* deles, raras vezes lhes emulando o alcance político — ao passo que, em Mandeville, o resultado vai *além* do ato, conferindo-lhe uma dimensão bem maior do que poderia ter.

Essas diferenças entre os dois grandes mestres do xadrez político obedecem a uma diferença anterior e fundamental. Para Maquiavel, a ação e seu resultado compartilham um sentido *político*. César Borgia agindo e o resultado histórico de suas ações, das de seus contemporâneos e ainda da *fortuna*, são, tudo, política. Já para Mandeville, a ação e seu resultado diferem radicalmente quanto ao sentido. A seu ver, nem a ação individual nem seu fruto histórico são políticos. Ocorre nele um *esvaziamento* significativo *do teor político da vida*. (E é a *onipresença* do político em Maquiavel que permite uma leitura recente, que enfatiza seus vínculos com o humanismo cívico.)

Em Mandeville, a ação é radicalmente privada. Não é privada apenas porque se dá no recesso do lar, no íntimo da consciência, no cerne do coração. É-o porque somente busca interesses pessoais, agressivos em relação aos outros. É privada, até, na valoração má e negativa do termo. Evidentemente, o autor *não* quer com isso afirmar que o homem *seja* mau. Tomar o privado enquanto mau é um recurso argumentativo muito inteligente, pelo qual Mandeville implica o seguinte: se o que afirmo vale até para o pior, até para o mau em estado puro, valerá muito mais para quem é neutro eticamente ou mesmo bom.[5] De todo modo, ainda que a ação seja privada e egoísta, seu resultado é social.

5. Esse modo de argumentar aparece já no rei Jaime I da Inglaterra, quando mostra como mesmo o mau rei detém um direito divino: se a legitimidade

Dos dois grandes exemplos de Mandeville, um reza que da ganância de cada indivíduo decorre a concorrência capitalista; o outro, que da prostituição no porto de Amsterdã se segue o respeito à virtude das matronas e donzelas.[6] Nos dois casos, não só o móvel da ação individual (busca desenfreada do ganho econômico, desejo sexual do marinheiro, desejo de ganho ou indecência das prostitutas) não é político, mas também o resultado é social *e não político*. O esvaziamento do político significa, aqui, que a sociedade passa a ser pensada em termos, digamos, próprios, de seu funcionamento, e não mais como fruto de uma ação plasmadora do mundo. A sociedade é despolitizada nas suas causas e nos seus efeitos.

Maquiavel teria dificuldade em aceitar esses termos. Para ele, a construção da casa comum dos homens passava por uma ação que lhe imprimisse uma forma. Era essa ação o que mais lhe importava. Aqui, porém, a construção prescinde dos atores ou das ações — melhor dizendo, não prescinde deles, mas se faz mediante um desvio significativo em face da consciência ou do anseio que os movesse a agir.

Ora, o importante para Mandeville é justamente esse desvio. O decisivo, para ele, é *estabelecer* claramente tal desvio. "Vícios privados, benefícios públicos" assim significa que o ponto de vista do indivíduo, ou de sua consciência, se torna insuficiente para se entender o funcionamento do social. Além disso, e de forma nada acessória, por essa via *o social substitui o político* — e um social no qual a economia desempenha papel fundamental.

---

cabe até para o tirano, o monarca que não segue o bem, quanto não valerá para os bons reis? Cf. meu *Ao leitor sem medo — Hobbes escrevendo contra o seu tempo*, 2ª edição, Belo Horizonte, Editora UFMG, 1999, cap. V, esp. pp. 147-9.

6. Mandeville, *The Fable of the Bees*, respectivamente notas G e H — na edição da Penguin, que é a que utilizamos, pp. 118-30.

Dessas duas distintas aberturas, decorrem duas maneiras bastante diferentes de jogar a política. Se abrirmos com Mandeville, estaremos considerando barata a vida social, e nos contentaremos com o papel de indivíduos procurando seu bem pessoal, e produzindo a vida social como que por acaso. (Evidentemente, toda a genialidade desse jogo está em fazer passar por acaso aquilo que não o é; em construir uma teia de relações que produza o social *enquanto* almejamos o particular.)

Se abrirmos, porém, com Maquiavel, estaremos considerando o social como resultante do político. Reabilitaremos a ação política, seja a do estadista, seja a do opositor. *O governante e o rebelde compartilham essa ética*: veja-se por exemplo o que diz Julien Sorel, numa passagem d'*O vermelho e o negro*, de Stendhal, em que ele exalta o líder político que talvez tenha sido quem mais, ou melhor, mesclou os papéis de chefe revolucionário e de dirigente no governo:

> "— Danton fez bem em roubar? — perguntou-lhe ele bruscamente [isto é, perguntou Julien Sorel a Mathilde de la Mole], e com um ar cada vez mais feroz. — Os revolucionários do Piemonte, da Espanha, deviam comprometer o povo com crimes? Dar a pessoas mesmo sem mérito todos os postos do Exército, todas as cruzes? As pessoas que tivessem essas cruzes não temeriam a volta do rei? Dever-se-ia saquear o tesouro de Turim? Numa palavra, senhorita — disse, aproximando-se dela com um ar terrível —, o homem que quiser expulsar da terra a ignorância e o crime deve passar como a tempestade e espalhar o mal ao acaso?"[7]

7. Parte II, cap. 9, pp. 287-8 da ed. Abril, 1971, na trad. de De Sousa e Casemiro Fernandes; p. 228 do original francês, na ed. L'intégrale.

Basta essa passagem — que, observemos sem nos determos, no romance exerce o decisivo papel de consumar o enamoramento de Mathilde por Julien, ao perceber ela que lida com um homem superior, cujos devaneios não se limitam aos da vida privada, mas se alçam a questões das mais relevantes para a época —, basta essa passagem para mostrar que a ética da responsabilidade não é apenas a do governante. É também a do rebelde, seja ele Danton, seja Julien Sorel. É a de todo aquele que vê o social como podendo e/ou devendo ser plasmado por uma ação criadora — e pouco importa se esta é a do indivíduo ou a do grupo. *A essa ação que cria o social, cabe chamar de ação política.*

É política assim a ação que assume como seu o ponto de vista da criação, que pretende moldar, criar, o social. Há política quando nos fazemos sujeitos de uma realidade, isto é, quando não a tomamos por dada, ou por independente da ação humana, mas a concebemos como resultando dessa ação — e, melhor ainda, nos propomos a agir, moldando o mundo. Para se definir a ação como política, não tem mais valor falar *ex parte principi*, falar do lugar do príncipe — nem do do revolucionário, que contesta aquele a fim de lhe ocupar a posição. O que importa é, pois, uma atitude criativa, de quem se torna sujeito de sua vida, e não mais o lugar: a postura, e não a posição, eis o que conta. Sai-se de uma idéia de poder delineada a partir de um espaço, de um território, mais ou menos estáticos, e passa-se a uma política que tem mais a ver é com uma atitude, com um enfoque, com o rumo de uma ação.

Ou ainda, se quisermos: *poder* é substantivo, mas também verbo. Quando falamos em tomar ou conquistar o poder, acentuamos, no substantivo, seu lado de coisa: o poder está aí, parado, tangível, e dele lançamos mão. Mas, se queremos dele ter uma nova idéia, como é possível nas línguas latinas, em que *poder*, *pouvoir* e *potere* têm esse duplo papel gramatical, enfatizaremos seu lado de verbo. Poder não é mais um dado, não o apreendem mais os sentidos: ele é uma possibilidade, voltada para o futuro, de ir-se além do que se é ou se está. Eis o seu sentido de criação. Voltaremos a isso.

Retornando ao tema das duas aberturas: se começamos pelo lance Mandeville, reduzimos o alcance da liberdade e da criação humanas, e pensamos um social que funciona quase por conta própria. O que conta é seu mecanismo. Seu modelo é a mão invisível de Adam Smith, é o mercado. Já, se abrimos com Maquiavel, damos ênfase à ação livre e criadora. Seu modelo é o indivíduo enquanto criativo, podendo ser o político — em sua melhor acepção —, mas também qualquer um que pretenda escapar a moldes ou modelos. Daí que seja inevitável, entre essas duas formas de abrir a modernidade, um forte conflito.

É possível que seja esse o conflito, ora larvar ora manifesto, mas sempre existente entre o que, em países de Terceiro Mundo, chamamos de políticos e de área econômica de um governo. Os políticos se pautam por algum tipo de ação criadora, e procuram eliminar os condicionamentos — que todos sofremos — em nome de uma liberdade, que teriam eles ou teríamos nós, para criar o social. Já os dirigentes da economia falam, sobretudo, de necessidade. Seu discurso é o dos condicionantes, que são anônimos, como um processo. Daí, provavelmente, que nossa vida social seja cara, como antes procurei mostrar, e que o nosso social seja empobrecido, como argumentei ao abrir este livro. Os condicionamentos são tão pesados, constituem um fardo com o qual é tão difícil lidar, que oscilamos entre a subserviência diante deles — o que caracteriza aqueles que lidam com a "dura realidade" dos economistas — e uma exaltação quase libertária, mas cuja condição básica é, mais que contestá-los, desconsiderá-los. Por isso vivemos oscilando entre o determinismo irrestrito de quem profere a economia e a irresponsabilidade de quem faz política.

Daí, enfim, que a liberdade e a responsabilidade não façam, entre nós, conexão; que tenhamos enorme dificuldade em pensar a economia politicamente, a ponto de esquecermos o nome de uma disciplina, que é economia *política*; que o voluntarismo ronde a política, até mesmo a dos governantes que se dizem responsáveis mas são capazes de promover qualquer tipo de populismo, até o neoliberal. O problema, em suma, é a dificuldade em promover um xadrez político no qual coexistam as duas formas de jogar.

Falar em duas éticas exige passar por aquela que assume a perspectiva do poder: a da responsabilidade. Deixamos de lado a equação Mandeville, que não é ética, para contrastar a abertura Maquiavel, que apesar da má fama é uma ética — da responsabilidade —, com a ética de princípios. (Ou, dizendo com toda a clareza, aqui lidamos com *três* modos de pensar a ação: a abertura Mandeville, que não é ética; a abertura Maquiavel, que exprime uma ética pouco compreendida, a da responsabilidade; e a ética de princípios ou valores.)

Há enorme dificuldade, em nossa cultura, em compreender — ou em aceitar — uma ética da responsabilidade. Essa reticência pode ser examinada em dois níveis. Num primeiro plano, nota-se como é forte a idéia de que a ética só pode ser a de princípios ou valores. Termos como "de resultados", aplicados ao sindicalismo, à universidade ou à ética, adquirem rapidamente conotação negativa, pelo menos junto aos setores de esquerda, que em nosso País geralmente constituem a oposição.

Tal reticência, porém, traduz — num nível mais profundo — um problema muito sério: a incapacidade de entender a ação *política*. Esta passa a ser considerada imoral ou amoral. Ora, existe uma ética da política — e não num sentido apenas descritivo, como se diz que há uma ética dos criminosos, entendida como simples conjunto de regras. A ética da política é a da responsabilidade. Por isso não se pode governá-la pelos princípios, ou pela intenção íntima. Não se pode regê-la por princípios, não porque o político não os tenha, mas simplesmente porque eles não lhe apontam o rumo a tomar. Não resolvem seus dilemas. Poderíamos sentir-nos tentados a dizer que a ética de princípios soma as condições necessárias, mas não suficientes, para a escolha política: o agente deveria respeitar certas regras morais, porém sabendo que elas não lhe mostram um rumo que possa ter sucesso. A coisa é mais difícil, contudo, e por isso não basta esse compromisso bem-pensante, conciliador, entre política e ética de princípios.

E isso porque, até com freqüência, a ética do político é *mais exigente* que a de princípios. Por duas razões: primeira, ela exige invenção e corre riscos maiores do que a simples aplicação de um metro já existente. A segunda está na célebre frase de Júlio César, sobre o suposto adultério praticado por sua esposa, Pompéia: "A mulher de César não basta ser honesta, precisa parecer honesta" (Plutarco, "Júlio César", em suas *Vidas paralelas*, cap. X).

Essa frase causa desconcerto ao leitor habituado a considerar que a ética do político, por lidar com as aparências, efetua um desconto das exigências impostas pela ética "verdadeira", que seria a da ação individual regida por princípios. Ele compreenderia melhor algo como "não basta parecer honesto, é preciso ser honesto": a aparência é *menos* que a essência. Simular é menos do que ser. Qualquer um encena a honestidade; poucos, realmente, a praticam. Assim, treinados por séculos de elogio à intenção e de primazia de uma moral que nela se concentra, entendemos a oposição entre ser e parecer.

Contudo, não é assim que Plutarco cita a frase. Na versão usual, o "não basta" é muito claro e indica que *parecer* está além de *ser*. Parecer é mais que ser. O significado imediato da frase é que não bastava a mulher de César nada ter com o moço que a cortejava e que, desejando seduzi-la, chegou a disfarçar-se de mulher para dela se aproximar numa festa sagrada, mas com o infeliz resultado de ser surpreendido por uma mulher de verdade e de vir a público o escândalo de seus atos; era preciso que, além de ela ser inocente, nenhum rumor público lhe maculasse o nome. O episódio é banal. Mas o curioso é ser expresso numa frase lapidar que deixa claríssimo que a aparência constitui uma exigência *adicional*.

Eis uma síntese possível do que é a lógica da responsabilidade: o político, lidando com aparências — e portanto com um mundo perigosíssimo, no qual nada é garantido, no qual tudo pode ruir —, responde também por elas. Enquanto no plano apenas ético o homem privado só arca com as conseqüências de seus atos livremente decididos, no plano político o homem que age politicamente tem de administrar também sua aparência. Aquele que não o faz não pode invocar suas boas intenções, para legitimar seus atos. Exemplos disso há sem conta, mas a lógica é sempre essa: a responsabilidade pelas conseqüências pode ser *mais* que a obediência a um princípio. Há um erro sério em conceber a ética do estadista como facilitada. Ela pode ter um elemento trágico até acentuado, do qual adiante trataremos.

O fato é que, para princípios terem eficácia, para regerem uma ética, precisa existir um quadro institucional que os torne eficazes.[8] Assim acontece quando respeito o sinal vermelho: sei

8. Nesse ponto, como em outros, Hobbes teve razão. Seu Estado constitui esse quadro, no interior do qual obedecer às leis é uma estratégia bastante eficaz de sobrevivência e até de sucesso.

que aumentam as chances de passar vivo e ileso pelo cruzamento se aguardar o verde, e que posso me prejudicar não o fazendo. Nossa vida em sociedade é uma enorme metáfora das regras de trânsito. Dize-me como trafegas, dir-te-ei quem és, quase nos sentiríamos tentados a assim atualizar a observação bíblica.

Ora, a condição de quem age na política é justamente a de quem formula as leis ou as regras, de quem elabora o quadro institucional, mas não a de quem nele está enquadrado. Com isso, o político não se beneficia dessa causalidade barata, que nos permite a cada instante medir o que a lei manda e o que ela pune, e, seguindo-a, ter maiores oportunidades de sucesso do que violando-a. O político, e sobretudo o estadista, não sabe em que dará sua escolha. Por mais que a medite, por mais que programe seu êxito e tente circundar-lhe as condições, tudo pode dar errado (pode sempre ser vítima da fortuna, diria Maquiavel...). O desastre e a catástrofe rondam-no, justamente porque não tem quadro institucional a garanti-lo, porque não dispõe dessa tabuadinha medíocre pela qual, a cada momento, medimos nós — melhor que o político, porque lidamos com menos variáveis e dependemos menos da profusão de aparências — os efeitos probabilíssimos de nossas ações.

Foi Maquiavel quem primeiro ou melhor formulou que, se consideramos os atos humanos como geradores de futuro, a condição do homem comum, sem responsabilidades de poder, é mais vantajosa que a do político: ele tem maiores condições de antever os resultados de seus atos. (Hobbes dirá, em *Do cidadão*, que o indivíduo que leva uma vida retraída jamais incorrerá na cólera do príncipe: mesmo quando este é mau, pode o homem discreto precaver-se de sua fúria.[9]) Já o príncipe, justamente por ter poder, paradoxalmente é menos poderoso sobre o futuro (é ver-

9. *Do cidadão*, parte II, cap. X, parágrafo 7, pp. 184-5.

dade que seu futuro é o da criação de novas ordens, não o da mera repetição do que existe, que é o caso do homem comum).

Com isso, os atos de quem tem responsabilidade exprimem a equação moderna, na qual a boa intenção gera o horror, e a má intenção o bem social. Não porque os homens sejam maus por natureza; ao contrário, é justamente quando se suspende o curso espontâneo da natureza, e se instaura a ordem social produzida pelos humanos, que a boa intenção passa a gerar o bem e a má, o mal. É no interior do Estado que nasce a causalidade (medíocre, mas boa) que do bem leva ao bem, do mal ao mal. Fora do Estado, acima das leis, na decisão política, tudo se torna incerto. O mundo feito pelos homens institui ordem e moral. Mas o ato de instituir esse mundo precede as regras e, por isso, não pode medir-se por elas.

E por isso não entender a ética da responsabilidade implica não entender o que é a ação política — não ser capaz, por exemplo, de colocar-se no lugar do estadista. Eis a crítica que cabe dirigir àqueles que contestam, pelo viés da moral, a política que hoje vivemos. Contudo, há entre nós, sobretudo da parte dos intelectuais que simpatizam com o Poder ou que nele estão, também um sério mal-entendido sobre a ética da responsabilidade. De tal equívoco, convém agora tratar.

A oposição e a esquerda têm criticado a ética da ação política tomando o ponto de vista de quem está *fora* do Poder, valendo-se essencialmente dos registros morais (isto é, de uma ética de princípios, cuja força junto às consciências — mas debilidade em termos de prática — reside justamente em situar-se na esfera quase da eternidade), e por isso nem sequer reconhecem a existência dessa segunda ética, a de Maquiavel, a de Weber. Já os intelectuais que se tornaram orgânicos do Poder brasileiro reivindicam essa herança, em especial a do sociólogo alemão, que é importante referência da ciência social recente. Em outras palavras, os primeiros afirmam que ética só existe uma, ao passo que os segundos reconhecem haver duas éticas, a da vida privada, a da vida pública. Têm razão nesse ponto, embora se enganem quanto às fronteiras entre ambas. Contudo, já há aqui, de sua parte, um erro sério. É que, enquanto a oposição erra ao não reconhecer uma ética da responsabilidade — e com isso limita sua capacidade de *ação* política —, a parcela intelectual do Poder comete o erro simétrico de converter essa ética política no que se poderia chamar uma ética da *irresponsabilidade*. Vejamos.

Talvez o maior equívoco que se cometa sobre a ética da ação política consista em pensá-la pelo *avesso* da ética da vida privada. Isso implica imaginar que ela seja uma ética *light*, facilitada, com cinqüenta ou sessenta por cento de desconto. A política seria o campo da impunidade. Ora, já pela frase sobre a mulher de César, percebe-se que a ética do estadista é *exigente*, e com freqüência muito mais que a ética privada.

Examinemos algumas características da ética que procuramos praticar em nossa vida cotidiana. Primeiro, nela seguimos valores, se não fixos, pelo menos firmes, e que por isso mesmo simulam uma fixidez, um quase-absoluto. (Por isso é que cabe dizê-la uma ética de valores, ou de princípios.) Os dez mandamentos da Igreja, a moral instilada pelos pais — ou sobretudo pela mãe —, a educação ministrada na escola, funcionam como referenciais que, pelo menos tradicionalmente, eram pouco contestados.

Segundo, nela a *intenção* conta muitas vezes mais do que o resultado efetivo da ação. Esse traço varia na razão direta da intimidade que tenho com as pessoas com quem lido. Quanto mais próximo de mim o meu próximo, mais importará para ele a intenção de meu ato, e menos o real efeito prático, externo, visível, da ação. Para minha mulher, contará mais *por que* lhe dou flores do que o tipo de flores que recebe. Já para uma mulher que não me ame, o presente que eu lhe dê poderá importar mais do que o sentimento que me animou a fazê-lo. E a um estranho, a quem prometi uma coisa que não pude cumprir, importará bem mais meu deslize do que a razão, séria que seja, que me impediu de satisfazê-lo.

Terceiro e último: na ética de princípios o fracasso *não* é fracasso. Nela, muitas vezes, para usar um ditado francês, "quem perde, ganha". Mesmo numa sociedade cada vez mais marcada pelo dinheiro, respeita-se quem abriu mão do sucesso a todo custo em função de algum valor relevante. Pode ser o respeito nostálgico de quem *não* agirá jamais com a mesma dignidade, mas de qualquer forma é um respeito — mais ou menos como a admiração compensatória que nós, modernos, cidadãos *downsized*, sentimos pela pólis grega, pela ágora ateniense. Fracassei de ponta a ponta, minha ação foi um desastre, perdi tudo — mas conservei algo precioso, íntimo, relevante. Como diz Mário Faustino, no poema que serviu de epígrafe ao filme de uma derrota — *Terra em transe*, de Glauber Rocha:

Não conseguiu firmar o nobre pacto
Entre o cosmos sangrento e a alma pura. [...]
Gladiador defunto mas intacto
(*Tanta violência, mas tanta ternura*).[10]

Talvez esteja nesses dois últimos traços o cerne da ética que *não* é da responsabilidade. Porque sua primeira característica — a de eventualmente seguir uma lei já existente — é fácil. Não a distingue de uma ética qualquer da heteronomia, pela qual nem sequer nos perguntamos o que é certo, o que é errado, mas ape-

10. "Balada (Em memória de um poeta suicida)", in *Poesia de Mário Faustino*, p. 123.

nas acompanhamos a manada. (Por isso, o essencial aqui está nos traços segundo e terceiro, os que nos afastam da mera repetição — no limite, não ética — de valores aprendidos, para entrarmos na opção pessoal por princípios, que procuraremos seguir.)

O momento em que deixamos de ser carneiros, e nos tornamos humanos, é quando cintila a intenção. É quando, também, se divisa o fracasso. Esses dois traços, o segundo e o terceiro acima apontados, ligam-se umbilicalmente. Só distingo a intenção do ato porque percebo quanto é difícil e arriscado estar neste mundo. Aliás, neste ponto os éticos de princípios se encontram com Maquiavel: o cerne de seu argumento, no *Príncipe*, era o descompasso entre a intenção (boa) e o resultado (desastroso). Eles e ele, os éticos e Maquiavel, percebem que o mundo da ação é opaco, que entre o gesto e seu efeito, entre o ímpeto e o final, há um sem-fim de desencontros, que, por sinal, são o que nos faz pensar, são o que nos desafia a encontrar um rumo que seja nosso. Aqui, porém, ao contrário de Maquiavel, longe de o resultado julgar a intenção, é esta que prevalece. A intenção desculpa o ato — e quem não sabe como isso conta, na mais íntima das relações, a do amor?

Quanto mais íntimos somos, mais importa a intenção. Por isso mesmo — se uma ética que lida com o não-íntimo, com o desconhecido, não pode pautar-se pela intenção —, uma ética da proximidade é, sobretudo, uma ética intencionada. É sábio o ditado popular "feliz no jogo, infeliz no amor", sobretudo se o somarmos à expressão francesa, que também vale para o amor, opondo-o ao jogo, "quem perde, ganha". Pois, no jogo, exclui-se a intenção e lida-se com o estranho. (Athos, nos *Três mosqueteiros*, desafia um estranho em duelo; o outro se recusa, dizendo que não sabe quem ele é; o mosqueteiro: "mas vós aceitastes jogar comigo"; e o desafiado lhe explica que se joga com qualquer um, mas somente se duela entre iguais. O jogo é um dos modos, por excelência, de nos relacionarmos com o estranho.) Já no amor, intimidade e intenção vão juntas. Por isso é que a perda, pela lógica externa, que é a do jogo, que é a que prevalece no mundo em geral, pode constituir uma vitória no amor. Aos olhos da amada, um fracasso de boa intenção conta mais que a secura do sucesso.

Curiosamente, essa vocação da ética da vida pessoal para o fracasso acaba constituindo uma de suas maiores qualidades. Já a ética da responsabilidade, sendo pautada por resultados, terá enorme dificuldade em tratar com a derrota. Irá evitá-la de todos os modos, mas quando a ela sucumbir não terá defesa, não terá discurso que seja plausível.

Ora, a derrota, o infortúnio fazem parte essencial da aventura humana. Se somente soubermos lidar com o êxito, se voarmos de sucesso em sucesso, será nosso o desastre final que os analistas dos costumes previam para o cortesão francês, na época de Luís XIV — um dia, decaídos do favor régio, sofrerão em excesso, porque se terão acostumado a um único metro para julgar as coisas, o do êxito externo, o da opinião alheia. Daí que a ética da vida privada sirva — *sobretudo* quando o mundo dos negócios e do emprego segue, como hoje, uma lógica implacável — de excelente colchão de segurança para os momentos em que mais necessitamos de amparo, isto é, quando nada mais na vida nos sorri. A intimidade é este espaço de recolhimento, de cuidado de si, em que o afeto se multiplica na mesma medida em que nos devasta o desastre que colhemos na rua, na praça, no olhar do estranho.

O erro dos nossos defensores da ética da responsabilidade, dizia acima, está em converterem-na em ética da *irresponsabilidade.* Isso porque não a levam devidamente a sério. Pensam-na, assim como seus críticos e detratores, como uma ética com desconto. Acreditam que a lógica da vida pública ou política seja mais leve que a da vida privada. Entendem o convívio com o outro — sobretudo quando esse é o estranho e a relação está determinada pelo poder — a partir de uma negação, de um prefixo privativo, como o "a-" grego ou o "i-" latino: na política, pensam eles, *não* valem as exigências da moral. Não percebem, o que é o eixo de toda a argumentação neste artigo, que o mundo das aparências, o mundo da história, que é também o da política, tem um nível *elevado* de exigências. Expressam uma enorme dificuldade — talvez uma *brasileira* dificuldade — em entender o que é a política. No fundo, quem sabe compartilhem com seus detratores, ou críticos, o mau juízo sobre a política, como território em que tudo é permitido. E quem sabe essa comunidade de contrários, não compreendendo a política, comprove o que andei sugerindo ao longo deste livro, sobre o sonho de uma política *sem* políticos, de uma sociedade da qual precisamos produzir sucessivos clones, para que pelo menos um deles dê certo, já que o original desandou. Mas vamos ao erro que cometem.

A ética da responsabilidade, que é a da ação política, não se define apenas pela suspensão dos valores estritos que devem prevalecer nas relações com os entes queridos ou, pelo menos, conhecidos. Sustentei que há um vínculo entre a intenção e a intimidade. Em relação aos que são realmente meus próximos, devo seguir os valores. Conta mais isso do que o resultado objetivo de meus atos. À medida, porém, que me afasto, o resultado seco passa a valer mais do que o fundo de meu coração. É essa a ética da responsabilidade. Quando opto pela ação política, quando entro, pois, no registro maquiaveliano, rompo com o mundo das intenções. Isso significa três coisas. Primeira, não será mais levada em conta a minha intimidade, mas a aparência externa de meus atos. Segunda, entrará em cena a história: a intenção dá-se no instante em que ajo, no imediato, mas a ação, ela mesma, só expressa todos os seus resultados a médio ou mesmo longo termo.

Terceira e última, não há desculpa para o fracasso; ou — se outras desculpas podem ser invocadas, as que dizem respeito ao caos do mundo, à *fortuna* de que falava Maquiavel — uma, pelo menos, não se pode ativar: não se perdoa o fracasso alegando-se a intenção. Não dá, quando se optou por buscar o sucesso, para — diante do insucesso — ativar aquela ética feita para acolhê-lo. Não posso ativar e desabilitar vida privada e pública, opinião alheia e intimidade, simplesmente apertando um ou outro botão. E no entanto é o que sucede entre nós: sempre que se surpreende um potentado perturbando os limites do público e do privado, ele se permite invocar duas lógicas opostas, a de que procurava o melhor para a sociedade (e para tanto não podia conter-se nas fronteiras da ética pessoal) e de que a melhor prova de sua honestidade esteve no fracasso de suas tentativas — argumento este que está no cerne da vida íntima, mas é muito duvidoso para a vida política. Nessa confusão das duas éticas, mais que em qualquer outra coisa, está, quem sabe, a promiscuidade do que entre nós é público ou privado. Seguir decididamente a vida pública é quase impossível. Em algum momento se tornará necessário recorrer ao regaço da vida privada, geralmente para se reativar a virtude pessoal que, no trato com o estranho, no *negotium* dos negócios, foi tão posta em dúvida.

Deveria haver uma tragédia do estadista vencido. E ela existe: é a peça de Sartre, *As mãos sujas*, em que o político comunista Hoederer aceita sujar seus princípios para atingir o poder. Boa parte do confronto entre ele e Hugo, o intelectual pequeno-burguês radicalizado, que se viu incumbido por uma ala dissidente do partido comunista de matar o próprio líder — porque este se estaria revelando traidor ao negociar com o antigo inimigo —, dá-se na contraposição entre uma ética da responsabilidade, característica do político, e uma ética de princípios, que é a única compreendida pelo aprendiz de assassino. É provavelmente a peça mais brilhante de Sartre, até porque esse rápido resumo está longe de esgotá-la, e nela se vão modificando, constantemente, as oposições (o erro de Francis Jeanson, em sua leitura dela, consistiu em só tomar esse aspecto principal, o do confronto entre a política e uma moral pouco inventiva).

Mas mesmo Hoederer só busca o poder e aceita a sujeira — o acordo com o poder local que servira aos nazistas — tendo em vista um princípio *maior*, a derrota do fascismo. Ou seja, ele próprio subordina o seu quinhão de responsabilidade a um valor superior; é isso o que caracteriza o político que pretende mudar o mundo. Assim, a derrota do próprio estadista só é trágica, e suscita em nós alguma espécie de piedade, quando ele deixa de aparecer, a nossos olhos, como exercendo apenas a ética da responsabilidade. Pois, se confrontamos Hoederer, nas *Mãos sujas*, com César Borgia, no *Príncipe* de Maquiavel, vemos que este último nada desperta no leitor a não ser uma curiosidade — comiseração ou simpatia, nenhuma.

Já uma política prosaica, como a da responsabilidade, exclui a tragédia. Mas não impede a derrota. O que impede é que esta se mostre trágica. E talvez seja esta a *secreta tragicidade da política*, seu caráter trágico elevado ao quadrado: é tão solitário o estadista derrotado que nem sequer a piedade dos outros ele pode ativar. A piedade, sabe-se, é um elo social poderosíssimo, e não foi à toa que Rousseau a escolheu como o fator primeiro (*pitié*, compaixão) a nos ligar a todos os demais seres vivos: somos solidários, sobretudo, com quem sofre.[11] É como se Rousseau trans-

11. No seu *Discurso sobre as origens e os fundamentos da desigualdade entre os homens*, 1ª parte, pp. 76-7 da edição Nova Cultural, São Paulo, 1999, e p. 197 da ed. francesa Garnier-Flammarion, Paris, 1971.

pusesse para a relação mais pura e mais ampla com o outro — aquela que antecede toda formalização dos elos enquanto sociais, e que se estende até ao que ultrapassa o mundo humano — o sentimento de compaixão ou piedade que Aristóteles tinha analisado na *Poética*, e que aplicava mais restritamente ao gênero teatral da tragédia.

Não causando em nós nenhuma pena, o governante derrotado perde os elos que poderia ter com seus semelhantes. É precipitado numa solidão seca, sofrida, que não conta sequer com o bálsamo de ver compartilhado o seu sofrimento. Evidentemente, nem sonham com isso os nossos defensores nacionais da ética dita da responsabilidade, para quem o governante surpreendido num mau passo, ou derrotado, em momento algum responderá pelo que fez: daí que caiba mais dizer que seu Weber é retorcido, e que a ética que defendem é a da *irresponsabilidade*. Isso também explica que seu Maquiavel seja meio fraco, e não vá além da leitura superficial e errada que consiste em dizer que política e ética pessoal se opõem, quando tudo o que procuramos aqui lembrar é que existem uma dignidade e uma exigência elevada também na ética da política.

À medida que este artigo avançava, foi ficando de lado o lance Mandeville, em favor do lance Maquiavel. Muito já dissemos da abertura Mandeville, tanto de sua eficácia no barateamento da vida social quanto de suas limitações, na medida em que a esvazia de sentido e de afeto. Sobre Maquiavel, já procedemos à advertência preliminar, rotineira em qualquer trabalho científico, que consiste em pedir ao leitor que dispa os preconceitos que fazem, do florentino, um demonizador da política. Na verdade, a atualidade de Maquiavel — uma atualidade seguramente ampliada em nosso século — está em ele salientar o caráter imprevisto, e criativo, de uma atividade que não tem como se pautar por normas prévias. E em nosso tempo cada vez mais atividades, até as da vida privada, até no que diz respeito ao amor e à inserção no mundo do trabalho, se emanciparam e continuam se emancipando dos referenciais que antes as guiavam.

Agir sem metro prévio era, no século XVI, a condição do príncipe novo. Hoje é, mais ou menos, a de todos nós. Por isso a lição de Maquiavel se dirige a todos. E também por isso, a irritação com ele muda de dimensão. No Dezesseis, e até poucas décadas atrás, a má fama do filósofo se devia a mostrar ele que a política obedece a leis *distintas* das éticas. O mundo político era apresentado como estranho, perigoso, separado da relativa tranqüilidade — mental, pelo menos — que a decência pode proporcionar. Hoje, porém, mudou o sentido do que seria esse mundo "político".

A política não é mais, essencial ou exclusivamente, o que se refere ao poder. Ela tornou-se tudo aquilo que, sem ter metro prévio, exige uma ação criativa. Agir politicamente é *moldar* a própria vida *sem* seguir uma regra *anterior*. Diante disso, a irritação com Maquiavel — que perdura — não se deve mais ao que ele disse sobre o mundo do poder, mas ao que ele aponta quanto a nossas escolhas de vida. Todos nós estamos, mais ou menos, no papel de seu príncipe. Isto é, com freqüência, insuportável. Não existem mais regras pré-definidas sobre como agir na profissão, no amor, nos tratos e contratos que firmamos, e que, sendo cumpridas, assegurariam o sucesso, ou pelo menos a certeza moral de haver agido bem. Precisamos, constantemente, inventar novas formas de ação e de associação. Deparamos, vezes sem número, com a dificuldade, o imprevisto, o fracasso. Temos à nossa frente o alcance devastador da fortuna sobre nossas vidas, e o espaço sem nenhuma garantia em que tentamos fazer uso da *virtù*, da ação criadora que procura moldar o futuro.

Maquiavel está muito mais perto de nós, homens privados, do que jamais esteve: razão de sobra para o temermos, e talvez o detestarmos.

E com isso, à medida que este livro chega ao fim, muda o sentido que ele tinha em suas primeiras páginas. Quando comentei a primazia do econômico sobre o social, quando adiantei a tese de uma vida social cara, tudo isto podia pressupor uma política que diria respeito ao poder sobre os humanos em geral. Não me detive, naquela parte, em redefinir o político. E da mesma forma o que então era dito podia — pelo menos em parte — ser entendido como uma crítica ao modo de ser, ou de estar, brasileiro. Uma passagem ou outra poderia ser entendida como enunciando, mais uma vez, a carência, a falta brasileira diante de modelos já constituídos do Estado de direito, como os europeus ou norte-americanos.

Na verdade foi deste horizonte que parti, alguns anos atrás, mais precisamente no período Collor. Tratava-se então, para muitos que discutiram o Brasil, de enunciar as condições de passagem do país a uma condição melhor. O primeiro presidente a ser eleito pelo povo, depois da longa tutela militar, prometia um salto qualitativo, um *upgrade*, do País por meio da economia.[12] Já a oposição democrática, preocupada com o caráter autoritário e salvacionista do príncipe eleito, colocava a cidadania como palavra de ordem — mas uma cidadania também de Primeiro Mundo: separação do público e do privado, por exemplo. Evidentemente, tínhamos aí um confronto de direita e esquerda, entre a lógica da economia, que num país dependente assume

12. Levar o Brasil da posição de primeiro país do Terceiro Mundo à de último do Primeiro Mundo, dizia ele.

uma necessidade e um caráter irretorquível que dificilmente lhe seria atribuído numa potência do hemisfério Norte, e a dos direitos, um conflito entre a necessidade e a liberdade, entre autoritarismo e democracia.

Mas, nos quase dez anos em que fui escrevendo os textos que ora convergem neste livro, mudou um ponto essencial: não cabe mais, pelo menos assim o penso, conferir papel canônico ou paradigmático a qualquer modelo já existente, por bem-sucedido que seja. Nossa relação com o Primeiro Mundo, ou o Atlântico Norte, não pode ser a da *mímesis* (talvez devesse ser, melhor dizendo, a da *catarse*: a de limparmos, pela emoção forte que é a mitificação que dele fazemos, uma ilusão; a de nos livrarmos de um modelo que não é o único, nem o melhor, para organizar o social). E esta mudança no modo de ver as coisas, que me fez reescrever a fundo certas partes do livro que tinham sido publicadas seguindo um espírito mais bem-pensante, determina e termina a presente obra. Nada nela, espero, expressa subserviência em relação às democracias "realmente existentes", européias e norte-americanas. Mas um sentido novo da política, que dá fecho ao que aqui expresso, somente se foi destilando aos poucos.

Peço desculpas ao leitor se demorei tanto para dizer isso, mas finalmente vai: a política está em *suas* mãos. Não pela banalidade do "se você não fizer política, ela faz você",[13] que simplesmente clama por uma luta contra a indiferença perante os partidos, as eleições e a militância. É mais que isso: são duas coisas. Primeira, a filosofia política só pode ser pensada tratando, não apenas do que pode vir a ser, mas além disso tendo bem em mente que o porvir só virá a ser mediante a ação do leitor. Se

13. Tento traduzir assim a expressão francesa "si tu ne t'occupes pas de la politique, elle s'occupe de toi" — literalmente, se você não se ocupar da política, ela se ocupa de você.

escrevo sobre o poder, não trato dele como trataria de uma célula ou de um planeta, do infinitamente pequeno ou do infinitamente grande de Pascal: e isso porque não trato do que "é", mas do que poderá ser ou não ser, dependendo quase que estritamente do que os humanos fizerem — ou não. Portanto, caro leitor, não se pode falar de filosofia política sem ter você como destinatário.

Quando escrevo um romance ou um *paper* de ciências exatas, vá lá que ignore, ou finja ignorar, a existência de meu leitor. Falo de coisas que — pelo menos em tese — existem independentemente de quem escreve e de quem lê; pelo menos em tese, porque este é o modo pelo qual se constitui a série de protocolos que regem a produção e a recepção desse tipo de texto, desse modo de ciência ou saber. Mas, quando está em jogo a ação, o receptor desejado na mensagem é essencial. Deixa de ser periférico, ou de ser convencionado como irrelevante, para se tornar o pivô da obra, a razão de ser ela escrita, lida, divulgada. Fingimos bem, nós, autores de política, quando assumimos o tom empertigado ou pelo menos neutro, de quem está lidando com as coisas como elas são; porque nada é, em termos de ação humana; tudo, sem exceção, pode ou não vir a ser, e depende — para tanto — da disposição do leitor.

Creio que é esta enorme dependência que temos da benevolência de nosso público que nos leva, como reação de defesa, a dele nem sequer falar. Confira, leitor, mais de dois mil anos de filosofia política: quantos autores se dirigem ao seu público? quantas páginas ou parágrafos, afora o prefácio ou uma introdução muitas vezes apenas formal — respeitosa, de praxe, simples tributo ao lugar-comum —, foram dedicados à negociação com o leitor? Quase nada. Você é o escondido da filosofia política, aquilo que ela oculta porque recalca. Mas, com isso, ela perde de vista a possibilidade de lidar com a ação. Porque dá para lidar com a ação só na terceira pessoa, como se descrevêssemos o funcionamento de uma célula ou os movimentos dos astros? O tom de pontífice, a que aludi no começo deste livro, não é simples má educação, ou falta de boas maneiras. Ele decorre de um equívoco monumental sobre o que é a ação, e que governa quase toda a história do pensamento sobre a ética e a política; e esse erro consiste em dar-lhes uma densidade ontológica que elas não têm, para estudá-las mediante um tipo de conhecimento objetivo, descritivo, que nelas nada pode apreender de relevante.

Disso, porém, vou tratar em outro livro, esse mais teórico. Por enquanto, concluo com a segunda coisa que teria a dizer: hoje, a vida de cada um de nós impõe desafios que, outrora, seriam apenas do estadista. Se a primeira conclusão que propus é que a filosofia política não se pode escrever sem ter explicitado o seu destinatário, que é a razão de ser dela, é óbvio que a segunda conclusão só pode ser que no lugar do velho destinatário dos textos de política, que era o príncipe, o rei, o Um, entra hoje — numa democracia almejada — o cidadão, o *qualquer* um. Ao ser excluído o absoluto,[14] ao serem destituídas as verdades reveladas, cada um de nós se vê posto no lugar que pertenceu ao *Príncipe*. Com as verdades se silenciando, cada um ficou obrigado a inovar.

Continua, claro, havendo uma diferença entre as duas éticas de que falamos. Mas cresceu o alcance da ética da responsabilidade. Ela não se confina mais no político em sentido estrito, o das instituições. Política, hoje, deve ser sobretudo *ação* — e ação de cada um, em sua própria vida. Isto significa que precisamos

14. Sobre a destituição do absoluto e do fundamento, ver, de Gerd Bornheim, "A invenção do novo", in Adauto Novaes (org.), *Tempo e História*; "O que está vivo e o que está morto na estética de Hegel", in Adauto Novaes (org.), *Artepensamento*; e "Crise da idéia de crise", in Adauto Novaes (org.), *A crise da razão*.

aprender a praticar melhor a abertura Maquiavel. Ninguém está a salvo de um desastre, de um imprevisto; não há mais regras que nos poupem da novidade. Precisamos ser *condottieri* de nossas vidas, estadistas de nosso destino. Isso, porém, que à primeira vista parece embriagar, de poder e de perspectivas, não é nenhum consolo; ao contrário, é um desafio para cada pessoa. Um desafio que inclui a exigência de articular o pessoal e o social, o ético e o político, o privado e o público. Mas basta; como dizia acima, este assunto será tema de outro livro.

Bibliografia

LIVROS E ARTIGOS

Dos meus artigos, somente cito, nesta bibliografia, aqueles que convergem com temas do presente livro, mas sem terem sido incorporados nele.

ALENCAR, José de. *Iracema.* Notas e orientação didática por Silviano Santiago. Rio de Janeiro, Francisco Alves, 1975.

_________. *O Guarani*, in *Obras de José de Alencar* (*Ficção*), vol. 1, Rio de Janeiro, Livraria José Olympio, 7ª edição, 1977.

_________. *Senhora*, in *Obras de José de Alencar* (*Ficção*), vol. 7, Rio de Janeiro, Livraria José Olympio, 7ª edição, 1977.

ATTIÉ JÚNIOR, Alfredo. *Tópica das paixões e estilo* moraliste — *ensaio.* Tese de doutoramento defendida no programa de Filosofia da Universidade de São Paulo, 2000.

BORGES, Jorge Luis. "El simulacro", in *El hacedor* (1960), Buenos Aires, ed. Emecé, pp. 20-1.

BORNHEIM, Gerd A. "A invenção do novo", in Adauto Novaes (org.), *Tempo e História*, São Paulo, Companhia das Letras e Secretaria Municipal de Cultura, 1992, pp. 103-18.

_________. "O que está vivo e o que está morto na estética de Hegel", in Adauto Novaes (org.), *Artepensamento*, São Paulo, Companhia das Letras e MinC-Funarte, 1994, pp. 127-36.

_________. "Crise da idéia de crise", in Adauto Novaes (org.), *A crise da razão*, São Paulo, Companhia das Letras e MinC-Funarte, 1996, pp. 47-66.

BOSI, Ecléa. *Memória e sociedade. Lembranças de velhos.* São Paulo, EDUSP e T. A. Queiroz, 1987.

BURKE, Edmund. *Reflections on the Revolution in France.* Harmondsworth, Penguin, 1970.

CALLADO, Antonio. *Folha de S. Paulo,* 3 de julho de 1993, p. 4-4.

CAMASSA MANOEL. *Catálogo de bolso: cédulas brasileiras, 'cruzeiro' e 'cruzado', 1942-1991.* Edições Camtel, 1991.

CANCLINI, Nestor Garcia. *Consumidores e cidadãos — conflitos multiculturais da globalização.* Rio de Janeiro, Editora da UFRJ, 1995.

CHAUI, Marilena. "Raízes teológicas do populismo no Brasil: teocracia dos dominantes, messianismo dos dominados", in Evelina Dagnino (org.), *Anos 90 — política e sociedade no Brasil,* São Paulo, Brasiliense, 1994.

_________. "Público, privado, despotismo", in Adauto Novaes (org.), *Ética,* São Paulo, Secretaria Municipal de Cultura e Companhia das Letras, 1992, pp. 345-90.

COHN, Gabriel. "O Brasil é o país da impunidade?", resposta *Não. Folha de S. Paulo,* p. 1-3, 31 de julho de 1993.

CONSTANT, Benjamin. "Da liberdade dos antigos, comparada à dos modernos", trad. Laura Silveira, in *Filosofia política,* n. 2, 1985, pp. 9-25.

DAMATTA, Roberto. *A casa & a rua.* Rio de Janeiro, Rocco, 5ª edição, 1997.

_________. *Carnavais, malandros e heróis. Para uma sociologia do dilema brasileiro.* Rio de Janeiro, Rocco, 6ª edição, 1997.

ELIAS, Norbert. *La société de cour.* Paris, Flammarion, 1985; *A sociedade de corte.* Lisboa, Imprensa Universitaria, 1987.

_________. *O processo civilizador,* volume I: *Uma história dos costumes.* Rio de Janeiro, Jorge Zahar editor, 1990.

FAUSTINO, Mário. *Poesia de Mário Faustino.* Rio de Janeiro, Civilização Brasileira, 1966.

HOLANDA, Sérgio Buarque de. *Raízes do Brasil.* Rio de Janeiro, 7ª edição, Livraria José Olympio Editora, 1973.

HOBBES, Thomas. *Leviatã.* São Paulo, trad. João Paulo Monteiro e Maria Beatriz Nizza da Silva, Abril, 1974.

_________. *Do cidadão.* São Paulo, trad. e notas de Renato Janine Ribeiro, Martins Fontes, 1992.

JACOBY, Russell. *Os últimos intelectuais.* São Paulo, 1990, Trajetória Cultural e Edusp.

JEANSON, Francis. *Sartre par lui-même.* Paris, Seuil, 1955.

LEFORT, Claude. *Machiavel — le travail de l'oeuvre.* Paris, Gallimard, 1972.

LOCKE, John. *Dois tratados sobre o governo.* trad. Julio Fischer, São Paulo, Martins Fontes, 1998.

MANDEVILLE. *The Fable of the Bees.* Harmondsworth, Penguin, 1970.

MAQUIAVEL. *O Príncipe.* São Paulo, Martins Fontes, 1999.

MARLOWE, Christopher. *The Jew of Malta* (1589-90), in *The Complete Plays,* Harmondsworth, Penguin, 1980.

MARTÍNEZ, Tomás Eloy. *Santa Evita.* São Paulo, Companhia das Letras, 1996.

MARX, Karl. *Dezoito Brumário de Luís Bonaparte.* São Paulo, Escriba, 1968.

_________. *The Capital,* vol. I. Edição Internet, em HTML, acessível no *site* www.marxists.org/archive/marx/works/index.htm.

MATOS, Olgária. *Os arcanos do inteiramente outro.* São Paulo, Brasiliense, 1985.

MELLO E SOUZA, Gilda de. *O espírito das roupas.* São Paulo, Companhia das Letras, 1987.

MONTES, Maria Lucia. Nota às pp. 76-7 de sua tradução de Skinner (q.v.), *Maquiavel.*

MONTESQUIEU. *O espírito das leis.* São Paulo, Martins Fontes, trad. Cristina Murachco, 1993; original francês, in *Œuvres,* Paris, Seuil, col. L'intégrale, 1964.

PIERUCCI, Antônio Flávio, "Ciladas da diferença", in *Tempo social,* 2 (2), 1990, pp. 7-34. Reimpresso in Pierucci, *Ciladas da diferença,* São Paulo, Editora 34, 1999.

PLUTARCO. *Vidas paralelas.* Entre outras edições, utilizei a do Projeto Gutenberg, disponível na Internet (ftp uiarchive.cso.uiuc.edu) em inglês.

RIBEIRO, Renato Janine. *A etiqueta no Antigo Regime.* São Paulo, Brasiliense, 1983; 4ª reimpressão, Moderna, 1999.

_________. *A última razão dos reis.* São Paulo, Companhia das Letras, 1993.

_________. *Ao leitor sem medo. Hobbes escrevendo contra o seu tempo.* São Paulo, Brasiliense, 1984; 2ª edição, Belo Horizonte, Editora da Universidade Federal de Minas Gerais, 1999.

_________. "A glória", in Adauto Novaes (org.), *Os sentidos da paixão.* São Paulo, Companhia das Letras e Funarte, 1987, pp. 107-16.

_________. "A política de Don Juan", in *A sedução e suas máscaras. Ensaios sobre Don Juan,* São Paulo, Companhia das Letras, 1988.

_________. "Chega de salvação", *O Estado de S. Paulo,* 23 de março de 1990, p. 3.

_________. "Introdução: A política teatral", a Tocqueville, Alexis de, *Lembranças de 1848,* São Paulo, Companhia das Letras, 1991.

_________. "O bolchevista e o cidadão romano: ajuste de contas", in *Teoria e Debate,* nº 16, novembro de 1991, pp. 46-9.

_________. "O entusiasmo, o teatro e a revolução", in Adauto Novaes (org.), *Tempo e História,* Companhia das Letras e Secretaria Municipal de Cultura, São Paulo, 1992, pp. 309-28.

ROMANO, Roberto. "O prolongamento da crise [gerada pelas denúncias de Pedro Collor contra seu irmão Fernando] aponta para um movimento do tipo 'diretas-já'?". Resposta *Sim. Folha de S. Paulo,* 18 de julho de 1992, p. 1-3.

ROUSSEAU, Jean-Jacques. *Contrato social.* São Paulo, Nova Cultural (volume *Rousseau 1*), 1999; original: Paris, Garnier-Flammarion, 1966.

_________. *Discurso sobre as origens e os fundamentos da desigualdade entre os homens*. São Paulo, Nova Cultural (volume *Rousseau 2*), 1999; original: Paris, Garnier-Flammarion, 1971.

ROUSSEAU, Jean-Jacques. *Ensaio sobre a origem das línguas*. São Paulo, Nova Cultural (volume *Rousseau 1*), 1999; original: Paris, Bibliothèque du Graphe, 1970, reprint da edição A. Belin de 1817.

SANTOS, Antonio Carlos. *A política negada: poder e corrupção em Montesquieu*. Dissertação de mestrado defendida no programa de pós-graduação em Filosofia da Universidade de São Paulo, 1997.

SANTIAGO, Silviano. Ver Alencar, *Iracema*.

SARTRE, Jean-Paul. *As mãos sujas*. Lisboa, Europa/América, 1972; original, *Les mains sales*, Paris, Gallimard, 1948.

SENNETT, Richard. *O declínio do homem público*. São Paulo, Companhia das Letras, 1988.

SHAKESPEARE, William. *Hamlet*. São Paulo, Abril, 1978, trad. Péricles Eugênio da Silva Ramos.

SKINNER, Quentin. *Maquiavel*. São Paulo, Brasiliense, 1988, pp. 76-7.

SOMMER, Doris. *Foundational Fictions: The National Romances of Latin America*. Berkeley, University of California Press, 1991.

STENDHAL. *O vermelho e o negro*. trad. De Sousa e Casemiro Fernandes; ed. Abril, 1971, original francês: in *Romans 1*, Paris, Seuil, col. L'intégrale, 1969.

TAWNEY, R. H. *A religião e o surgimento do capitalismo*. São Paulo, Perspectiva, 1971. (O correto seria "a ascensão", não "o surgimento", posto que em inglês o título é *Religion and the rise of capitalism*.)

TOCQUEVILLE, Alexis de. *O Antigo Regime e a Revolução*. Trad. Yvonne Jean. Brasília, Editora UnB, 1982.

VELHO, Gilberto. "A vitória de Collor: uma análise antropológica", in *Novos estudos Cebrap*, 26 (março de 1990), pp. 44-7.

WEBER, Max. *A ética protestante e o espírito do capitalismo*. São Paulo, Pioneira, 1983.

A polêmica Alencar-Nabuco, apresentação de Afrânio Coutinho, Rio de Janeiro, Edições Tempo Brasileiro, 1965.

FILMES

BABENCO, Hector. *Brincando nos campos do Senhor*. Brasil, 1991.

BENIGNI, Roberto. *A vida é bela*. Itália, 1997.

ILELI, Jorge. *O mundo em que Getúlio viveu*. Brasil, 1963.

ROCHA, Glauber. *Terra em transe*. Brasil, 1967.

Índice remissivo

ESTA OBRA FOI COMPOSTA PELO ACQUA ESTÚDIO EM MINION, TEVE SEUS FILMES GERADOS
NO BUREAU 34 E FOI IMPRESSA PELA HAMBURG DONNELLEY GRÁFICA EDITORA EM
OFF-SET SOBRE PAPEL PÓLEN SOFT DA COMPANHIA SUZANO PARA A EDITORA SCHWARCZ
EM JUNHO DE 2000